Envolvimento dos estudantes na aprendizagem de competências práticas

Stephenson Nkurikiyimana
Kyakulumbye Ali Katenda
Ezati Akullu Betty

Envolvimento dos estudantes na aprendizagem de competências práticas

ScienciaScripts

Imprint
Any brand names and product names mentioned in this book are subject to trademark, brand or patent protection and are trademarks or registered trademarks of their respective holders. The use of brand names, product names, common names, trade names, product descriptions etc. even without a particular marking in this work is in no way to be construed to mean that such names may be regarded as unrestricted in respect of trademark and brand protection legislation and could thus be used by anyone.

Cover image: www.ingimage.com

This book is a translation from the original published under ISBN 978-3-659-96538-8.

Publisher:
Sciencia Scripts
is a trademark of
Dodo Books Indian Ocean Ltd. and OmniScriptum S.R.L publishing group

120 High Road, East Finchley, London, N2 9ED, United Kingdom
Str. Armeneasca 28/1, office 1, Chisinau MD-2012, Republic of Moldova, Europe

ISBN: 978-620-5-79052-6

DEDICAÇÃO

Esta tese de investigação é dedicada à minha esposa 'Sra. Edith Nkurikiyimana', Filho 'Victor Steth Rukundorwimana' e Filha 'Mercy Steth Nyiramutuzo' pela sua paciência enquanto eu estava na faculdade.

RECONHECIMENTO

Reconheço o Deus Todo-Poderoso por me permitir completar esta investigação de acção destinada a reforçar o envolvimento dos estudantes na participação activa para aprenderem competências práticas. Um grande obrigado ao Hospital Kiwoko por me permitir realizar os meus dois anos de estudo de mestrado em pedagogia vocacional na Universidade de Kyambogo. Esta dissertação de investigação não teria tido sucesso sem o meu supervisor Dr. Ezati Betty e Dr. Ali Kyakulumbye pela sua supervisão, encorajamento, sugestões, orientação e discussões que influenciaram a conclusão desta dissertação.

Gostaria também de estender o meu sincero apreço a todas as pessoas cujas ideias e esforços fizeram a documentação desta realização de dissertação. À direcção da Universidade de Kyambogo mais especial faculdade de arte e design, e à Noruega que deu uma oportunidade de prosseguir este programa de mestrado. Os conhecimentos adquiridos continuarão a enriquecer as minhas competências académicas e técnicas no desenvolvimento das mãos dos estudantes.

Estendo a minha gratidão ao governo norueguês pelo apoio financeiro e ao pessoal, mentor da casa Noma sob a direcção de Chris serwanuko, pela promoção da Formação Técnica Profissional de Professores.

Agradeço também aos Palestrantes e a todos os estudantes da escola de laboratório médico Kiwoko pela sua generosa contribuição durante a análise situacional.

Estou muito grato a todos os membros da minha família pelo seu apoio financeiro e encorajamento. Não é possível creditar todos aqueles que contribuíram de diversas formas para a realização desta tese. Contudo, gostaria de dar um reconhecimento particular aos meus companheiros de curso e amigos apoiantes, que foram cooperantes e prestáveis.

Que Deus vos abençoe a todos

ÍNDICE

ACRONYMS

CBT	:	Competence Based Training
CME	:	Council for Medical Education
KMLTS	:	Kiwoko Medical laboratory school (KMLS)
KYU	:	Kyambogo University
LAB	:	Laboratory
MVP	:	Masters in Vocational pedagogy
TVET	:	Technical Vocational education and Training
VET	:	Vocational Education and Training

DEFINIÇÃO DE TERMOS

Aprendizagem: A aprendizagem neste estudo refere-se a um processo holístico de aquisição e desenvolvimento de conhecimentos, competências, atitudes, comportamentos, compreensão, valores e sabedoria novos ou existentes que podem ocorrer como resultado da experiência, habituação ou por condicionamento e que podem ocorrer de forma consciente ou inconsciente.

Ensinar - um processo ou actividades em que um professor está envolvido para assegurar que a aprendizagem ocorre. Envolve ajudar, orientar, aconselhar e orientar os estudantes para que possam aprender.

O professor é visto como um facilitador, guia, treinador, conselheiro e mentor no processo de aprendizagem para permitir que os alunos aprendam.

A educação é um processo pelo qual se desenvolve capacidades, atitudes e outras formas de comportamento consideradas como tendo valor na sociedade em que se vive.

A formação tem sido tradicionalmente vista como eventos discretos e planeados, utilizados para instruir as pessoas sobre como realizar competências ou procedimentos específicos definidos

A facilitação é um processo de ensino em que o professor se esforça por criar um ambiente de aprendizagem conducente à aprendizagem e visa permitir ou capacitar a aprendizagem.

ABSTRACT

Com a exposição a diferentes estilos de aprendizagem mais especialmente em mãos na aprendizagem e expedição no mundo durante a minha formação criei em mim um desejo de analisar processos de trabalho para os estudantes do laboratório médico Kiwoko no sentido da aquisição de competências. Este apelo foi um factor motivador para os interessados e investigadores empreenderem investigação de acção sobre como reforçar o envolvimento dos estudantes na participação activa para aprenderem as competências práticas necessárias no mundo do trabalho.

Este projecto de investigação foi mais de carácter voluntário e participativo. Os dados qualitativos foram recolhidos utilizando entrevistas, observação participante, fotografia e técnicas de análise documental com a ajuda de uma futura ferramenta de trabalho.

A fase inicial compreendia a procura de permissão de entrada no campo de investigação. Durante a análise situacional, os interessados e o investigador identificaram os desafios enfrentados pelos estudantes durante a aquisição de competências. A reunião de interacção com os interessados revelou uma série de desafios; Muito tempo gasto em teoria do que na prática, Congestionamento dos alunos na prática, procedimentos ensinados em sala de aula não correspondiam ao que estava a ser aprendido em sala de aula, Menos demonstração prática, Sem tempo atribuído para permitir aos alunos praticar por conta própria e não permitindo aos alunos explorar outros procedimentos fora do laboratório principal do hospital foram excelentes.

Observou-se que as intervenções das partes interessadas para mitigar os desafios acima foram implementadas em duas aulas para durar para sempre e a avaliação baseou-se nas respostas dos alunos, nos comentários dos professores e nas fotografias enquanto os alunos participam activamente na aprendizagem de competências práticas. As soluções implementáveis incluíram o seguinte: Melhorar a demonstração de aptidões práticas aos alunos, Disponibilizar tempo no horário para o auto-estudo, Permitir que os alunos tenham Fixação prática em farmácia para a recolha de stocks e registos para a gestão de registos, Atribuição de período específico para teorias e práticas no horário, Disponibilizar competências pré e pós Aconselhamento em HIV, Reduzir práticas práticas no hospital de 5 para 4 turnos.

A participação activa tem de ser introduzida nas instituições de laboratórios médicos para que possa enraizar-se no sistema e também a constante disseminação de tais ideias entre os tutores através de seminários, os workshops criam uma mudança positiva no sentido de se passar à prática do ensino.

Deve haver um guia de avaliação padrão para avaliar a competência adquirida.

CAPÍTULO 1

INTRODUÇÃO

1.0 Vista em cima

Nesta tese, o investigador, juntamente com os interessados após análise situacional, concordou em reforçar o envolvimento dos alunos na participação activa na aprendizagem de competências práticas. Foram identificados mais de dez desafios (ver Quadro 2 deste capítulo) que afectam os direitos dos estudantes na aquisição de competências necessárias no mundo do trabalho. Uma vez que a reunião continuou a participação activa na aquisição de competências foi o maior desafio identificado que impediu os estudantes de aprenderem competências práticas. Quando esta abordagem de aprendizagem foi implementada na escola médica Kiwoko, há uma redução mais significativa da aprendizagem de rotina e uma maior promoção da posse de competências práticas de aprendizagem por parte dos estudantes, tal como relatado no capítulo quatro.

Neste capítulo, o investigador também apresentou a sua própria formação pessoal e profissional como um meio de sensibilizar o leitor para esta tese sobre quem, o quê e de onde se originou a sua fonte de inspiração, interesse e coragem para realizar este estudo. O investigador fez também uma apresentação do futuro modelo de workshop e análise do processo de trabalho. A tese engloba os antecedentes deste projecto de investigação, o que dá ao leitor deste relatório uma visão sobre a base, o objectivo e, acima de tudo, as razões pelas quais valeu a pena levar a cabo este estudo. É portanto evidente que o trabalho deste projecto emana de três projectos anteriores que o investigador empreendeu desde o início deste programa de mestrado cujos resultados foram essenciais na direcção da proposta e tese do projecto. Com base nos resultados de trabalhos anteriores do projecto um[1] , dois[2] e três[3] , nós (investigador e partes interessadas) pudemos afirmar o problema em investigação e os objectivos deste estudo que têm sido a nossa luz e orientação em todo o processo deste projecto de investigação.

1.1 Antecedentes pessoais e profissionais

Sou um técnico de laboratório médico cuja competência está ligada ao campo do diagnóstico clínico, formação de estagiários, produção de material médico, entre outros. Actualmente sou um estudante de

[1] Escola Paramédica Mulago
[2] Kakira limitada, Jinja Vocational & Nakawa institutos de formação profissional
[3] Ondas de cestos de rubona e produção de mel

investigação educacional com um mestrado em pedagogia vocacional sob o patrocínio norueguês da Universidade de Kyambogo. A oportunidade de estudar nesta universidade foi possibilitada pela colaboração existente entre a saúde e as ciências de gestão aliadas do Uganda - Mulago e a Universidade de Kyambogo. O meu ponto de partida neste estudo emana das minhas experiências como estagiário de laboratório médico e tutor em instituições de laboratório médico, incluindo a escola de laboratório médico Kiwoko (KMLS), para mencionar algumas.

É de notar que quando entrei para o campo médico no KMLS - para certificado em técnicas de laboratório médico, não tinha qualquer formação prévia em nenhuma das disciplinas médicas ensinadas no programa, mas esperava aprendê-las à medida que a formação prosseguisse. No início do estudo no KMLTS, tive de escolher uma das duas opções, ou seja, enfermagem ou laboratórios médicos. A aprendizagem neste programa de técnicas de laboratório médico foi um pouco desafiante porque os técnicos superiores não estavam a permitir que os alunos praticassem por si próprios. Por outras palavras, a aprendizagem era passiva. Os métodos de ensino e aprendizagem utilizados não respondiam às diferenças/interesses dos estudantes. O ensino era mais teórico e centrado no professor do que na aprendizagem prática e activa. Deu-se mais ênfase ao domínio teórico dos procedimentos de funcionamento padrão do que à prática. Contudo, impulsionado pelo desejo intrínseco de ter um melhor desempenho nos meus estudos aliado ao meu trabalho árduo e empenho, esforcei-me ao meu nível para aprender o que podia pagar nos horários limitados do programa com os recursos limitados disponíveis. Arranjei uma ligação privada num dos laboratórios do distrito de Nakasongora durante 4 meses. Isto ajudou-me a adquirir algumas competências que melhorei gradualmente através da prática constante. Isto foi possível então porque havia uma série de testes a serem realizados individualmente. No final do meu programa de 2 anos pude ser retido no laboratório do hospital de Kiwoko como instrutor clínico e depois tutor para estudantes, posição que ocupava até esta altura, depois embarquei num mestrado em pedagogia vocacional que melhorou o meu estilo de ensino de competências necessárias no mundo do trabalho para os estudantes. Tendo sido ensinado e formado utilizando uma abordagem centrada no professor, tanto em teorias como na prática. Pensei que o KMLTS deveria adoptar o melhor método para implementar o processo de aprendizagem - ensino. Assim, em conjunto com as partes interessadas, adoptámos um método de participação activa para ensinar aos nossos alunos as competências necessárias no mundo do trabalho.

1.2 Interesse e motivação por detrás da investigação

O programa ajudou-me a conhecer os vários desafios de aquisição de competências dos alunos e a sua relação com o ensino em particular - métodos de aprendizagem juntamente com as políticas educativas nacionais[4] e internacionais[5] . E enquanto estudava no meu primeiro ano, o investigador frequentou cursos que discutiram fortemente o impacto das teorias de aprendizagem, o mundo do trabalho e a educação baseada na competência no desenvolvimento das competências dos aprendentes. Houve também algumas apresentações sobre didáctica vocacional, aprendizagem baseada no trabalho, pedagogia vocacional na vida profissional e nas escolas, identificação de problemas e actividades de investigação e, competências empresariais nas empresas - actividades orientadas pelo aprendente e questões contemporâneas na educação e formação vocacional. Todas estas apresentações e discussões encorajaram-me a estudar questões contemporâneas que afectam a aquisição de competências dos aprendentes em laboratórios médicos-escola Kiwoko.

Além disso, como tutor no KMLTS, com experiência de mais de 9 anos, o investigador e as partes interessadas estavam interessados em permitir que os nossos estudantes e partes interessadas apreciassem e construíssem confiança na forma como o instituto está a promover as competências técnicas de empregabilidade, a fim de satisfazer as expectativas dos pacientes e as necessidades dos empregadores.

O investigador foi também impulsionado pelo apelo intrínseco às escolas para que tivessem uma mudança de paradigma nos métodos de ensino e aprendizagem enquanto participavam no presente estudo. No seu estudo com as partes interessadas, o KMLTS ficou preso à forma tradicional de ensino. Por conseguinte, a principal motivação deste estudo foi dar uma mudança no processo de ensino-aprendizagem para o pensamento crítico dos alunos, empregabilidade e desenvolvimento de competências ao longo da vida através de estágios de trabalho.

1.2.1 Análise do processo de trabalho

A fim de demonstrar as competências necessárias no mundo do trabalho para o diagnóstico de qualidade, os alunos devem ter as mãos adequadas na formação. Por conseguinte, é prudente criticar cada etapa do processo de formação

---

[4] As políticas de educação e formação no Uganda são regidas pelos princípios da directiva das constituições e, estatutos incluindo a Lei da Educação e outras Leis do Parlamento relacionadas, incluindo a Lei das Universidades, a Lei das Instituições Terciárias, várias outras Leis e Cartas para as universidades.

[5]Empenhados numa visão holística e humanista da educação de qualidade em todo o mundo, na realização do direito de todos à educação, e na crença de que a educação desempenha um papel fundamental no desenvolvimento humano, social e económico (UNESCO, 2014).

O KMLTS em competências de impacto para os seus alunos. O Modelo que foi utilizado na descrição de uma análise do processo de trabalho foi concebido e discutido de acordo com os procedimentos Porter (1992p.67) e Kleiveland (1994p.56). O Processo de Trabalho (passos dados pelos estudantes do Laboratório para adquirir as competências necessárias) foi organizado pelo investigador mentorado e apresentado à reunião de partes interessadas que incluiu 78 %(36) estudantes, 10,9 %(5) membros da comunidade, 10,9 %(5) professores e administradores que teve lugar no salão de recreação do Hospital Kiwoko em 12th /Novembro de 2015 Quadro 1.

Platel: Aluno do MVP na reunião do Processo de Trabalho com as partes interessadas

Quadro 1: Deveres/tarefas e competências para cada processo de trabalho

Work process	Task	Competence
1. CBET – curriculum implementation	• Increase access and improve on the quality of skills training in the institution. • Demarcate the scope of technical skills and responsibilities required to be performed and therefore trained for this specific cadre. • Provide skills supported by scientific knowledge which is required in the world of work • Enable learners acquire scientific knowledge and skills that will enable them to solve routine and general laboratory assignments required in the health sector	• Record management skills • Good planning skills
2. Skill demonstration in school laboratory	• Interprets Standard operation procedure manual • Preparing work schedules • Preparing reagents • Organizing equipment and sundries • Preparing specimen containers and collects specimens • Demonstrate safe laboratory practices • Stores and transports specimens	• Safety protection skills • Store management skills • Operates and cares laboratory requirement skills • First Aid skills • Perform Phlebotomy • Prepares reagents

4. Practicum attachment (Kinyandogo,Nakaseke Hospitals…)	• Preparing stains, reagents and culture media • Collects and transports specimens • Operates instruments and equipment • Process specimens • Booking • Select group leaders • Participation in community outreach activities • Organize means of transcript • Prepare laboratory materials to use	• Analyze clinical specimens • Observe infection control procedures • Interpret results • Prepares laboratory data • Trouble shoots in laboratory equipment • Communication skills • Professional ethics
5. **Study Tour**	• Compile and analyze data • Booking (Nakasero blood bank, Uganda virus research institute, T.B Laboratory, Buluba – leprosy, Kasangati public health laboratory and Joint clinical research council • Organize transport means • Prepare practical related objective to cover	• Report writing • Time management • Communication skills
6. **Competence assessment**	• Preparing materials • Students registration for exams • Collect log books. • Invigilation of exams	• Demonstrate skills during examination period • Observe professional ethics • Passes practical exams
7. Certification /qualification	• Preparation and publishing of qualified graduands list • Invitation of quests • Venue organization • Award of certificates	• Public management and administration skills • ICT- skills
8. Occupation profile /employment	• Able Manage laboratory unit and equipment • Able to registers with allied professional council • Ability to Participate in educational refresher workshop • Net work with health agencies • Prepares administrative reports • Conducts administrative meeting • Supervise subordinates • Analyzes laboratory reports • Able to Carry out different tests	• Quality control skills • Communication skills • Administrative skills • Results interpretation. • Accountability skills

Fonte; Currículo CMLT 2013

Interpretação dos dados do quadro acima

O aluno do MVP apresentou a análise do processo de produção do trabalho aos interessados, como se pode ver no Quadro I acima. As tarefas/tarefas e as competências requeridas em cada uma das oito fases da produção de pessoal de laboratório competente, cada um dos processos requer um conjunto específico de competências. Em cada fase do processo, as partes interessadas foram livres de debater diferentes desafios, como se mostra na placa 3.

1,3 Verso do estudo

1.3.1 Histórico

Esta tese é baseada nos princípios da investigação de acção e da ferramenta de trabalho futuro. Enquanto as competências de investigação culminam com os trabalhos dos meus cinco projectos do primeiro ano. O primeiro projecto foi o de melhorar a gestão do tempo dos estudantes ortopédicos na escola paramédica de Mulago. Neste projecto, os estudantes e investigadores conseguiram identificar as razões dos seus atrasos e a forma de melhorar a gestão do tempo. No segundo projecto, o nosso objectivo era melhorar a implementação curricular para melhorar a aquisição de competências clínicas dos estudantes na escola de medicina ortopédica - Mulago; aqui adquirimos competências na identificação de processos de trabalho e identificação de tópicos de investigação utilizando a futura ferramenta de oficina de trabalho. No terceiro projecto, a competência foi em desenvolvimento, implementação e avaliação curricular na Kakira limitada ao açúcar. O projecto quatro deu-me uma oportunidade sobre como melhorar a implementação curricular para melhorar a aquisição de competências clínicas dos estudantes na escola de medicina ortopédica - Mulago. O quinto projecto, encarregou um investigador de prestar contas de provas de conhecimentos indígenas e avaliação no projecto de desenvolvimento da Comunidade de Rubona e na faculdade técnica do Uganda - Kichambwa. A experiência adquirida com os cinco projectos deu-me muitas competências de escrita e estratégias que poderiam ser empregadas no ensino e aprendizagem de diferentes aptidões e competências nos locais de trabalho.

1.3.2 Teórico

A base teórica deste estudo derivou da teoria de Aprendizagem de Vygotsky, que surgiu como parte do trabalho psicológico de Lev Vygotsky ao examinar a forma como os nossos ambientes sociais influenciam o processo de aprendizagem em 1962. Ele sugeriu que a aprendizagem tem lugar através das interacções que os estudantes têm com os seus pares, professores e outros especialistas. Além disso, Vygotsky (1962) argumenta que a cultura[6] é o principal factor determinante para a construção do conhecimento. Os alunos aprendem através desta lente cultural interagindo com os outros e seguindo as regras, competências e capacidades moldadas pela nossa cultura. Vygotsky reconhece ainda que a aprendizagem ocorre sempre e não pode ser separada de um contexto social. Consequentemente, estratégias instrucionais[7] que promovem a distribuição de conhecimento especializado onde os estudantes trabalham em colaboração

---

[6] Uma cultura é um modo de vida de um grupo de pessoas - os comportamentos, crenças, valores e símbolos que aceitam, geralmente sem pensar neles, e que são transmitidos pela comunicação e imitação de uma geração para a outra *(https://www.tamu.edu/faculty/.../culture.html)*

[7] As estratégias instrucionais incluem o seguinte: Os alunos trabalham em conjunto numa tarefa, os alunos desenvolvem-se ao longo do currículo, os instrutores escolhem tarefas significativas e desafiantes para os alunos trabalharem, os instrutores gerem o diálogo socrático que promove uma aprendizagem mais profunda.

para conduzir pesquisas, partilhar os seus resultados e realizar ou produzir um projecto final, ajudam a criar uma comunidade colaborativa de estudantes. Assim, a construção do conhecimento ocorre dentro do contexto social de Vygotsky (1962) que envolve a colaboração estudante-estudante e especialista-estudante em problemas ou tarefas do mundo real que se baseiam na língua, competências e experiência de cada pessoa moldada pela cultura de cada indivíduo" (Vygotsky, 1978). A teoria Vygotsky é transversal a todo o ensino - estratégias de aprendizagem pensadas, para cada instituição que produz graduados qualificados é um Vygotsky de algum tipo. Kart & Kahn argumentam que qualquer universidade, incluindo instituições, independentemente da sua dimensão e propósito, e as estratégias de ensino - aprendizagem adoptadas não obstante, está basicamente preocupada com a forma como os estudantes adquirem competências, conhecimento e atitude. Este estudo foi baseado nos postulados da teoria de Vygotsky porque as escolas de medicina laboratorial, tal como outros centros de formação profissional, estão sempre em constante movimento de impacto, com impacto nas competências empregáveis e ao longo da vida dos seus alunos. Por conseguinte, os professores precisam de criar um ambiente de aprendizagem que maximize a capacidade do aluno de interagir uns com os outros através da discussão, colaboração, participação activa e feedback.

1.3.3 Conceptual

Aprendizagem activa refere-se a qualquer método instrucional que envolva os estudantes a fazer actividades de aprendizagem significativas e a pensar no que estão a fazer (Bonwell, 1991) citado por (Prince, 2004). Márcia (2010) define aprendizagem activa como qualquer método de ensino que envolve activamente os estudantes. Segundo Collins (2003), aprendizagem activa é o processo de fazer com que os estudantes se envolvam em alguma actividade que os obriga a reflectir sobre ideias e sobre a forma como estão a utilizar essas ideias. A definição de aprendizagem activa neste estudo adaptado foi de Maria (2010) e Collins (2003), que argumentaram que a aprendizagem activa é uma abordagem instrucional que coloca os estudantes no centro da aprendizagem, fazendo coisas e pensando no que estão a fazer. Neste estudo, a aprendizagem activa através de estágios de trabalho seria caracterizada por aprendizagem cooperativa, resolução de problemas, participação activa e aprendizagem experimental.

1.3.4 Contextual

As colocações de trabalho são um aspecto da aprendizagem que todos os estudantes têm direito a experimentar como parte de um currículo coerente (Virtanen, et al., 2009). Estágios ou estágios como é chamado em Uk dão-lhe a oportunidade de desenvolver competências, conhecimentos e experiência relevantes enquanto obtém experiência de vida em primeira mão num ambiente de trabalho real (Morgan,

2009). Quando o aprendente se prepara para entrar numa carreira de tecnologia de laboratório médico, a escola de formação de laboratório médico Kiwoko deve considerá-los a fazer uma aprendizagem activa através de estágios de trabalho. Isto parece ser uma boa ideia começar mais cedo do que esperar até que se tenha formado para ganhar experiência. Esta última parece ser uma prática aparente que pode estar a causar uma grande falta de emprego entre os técnicos de laboratório médico porque o mercado de trabalho é competitivo e, ao mostrar um elevado nível de experiência, o licenciado destacar-se-á sempre. A falta de competências é um problema global. A Organização Internacional do Trabalho (2012), diz que as instituições de formação continuam a produzir licenciados cujas competências não correspondem ao que o mercado pretende. Este desfasamento torna mais difícil lidar com o desemprego dos licenciados. A sala de aula e o laboratório de competências no laboratório Kiwoko podem servir como cenário clínico para a aprendizagem baseada no trabalho através de actividades incorporadas, tais como estudos de casos e problemas, inquéritos guiados, simulações e experiências (Wurdinger & Carlson, 2010). Quando os estudantes estão envolvidos na aprendizagem activa através de estágios de trabalho que vêem a relevância da sua aprendizagem em sala de aula, desenvolvem uma maior motivação para aprender (Ambrose, 2010). Por conseguinte, deve ser respeitada durante o processo de ensino e aprendizagem. Se não houver abordagens claras para apoiar a aprendizagem activa, e particularmente nos estágios de trabalho, o KMLTS continuará a dar ênfase à aprendizagem de conceitos e teorias através do estudo e da reflexão sobre o abstracto.

1.4 Futuro modelo de loja de trabalho

O Workshop do Futuro como instrumento de investigação utilizado para resolver questões/problemas de perspectiva do futuro. Foi originalmente desenvolvido para grupos de cidadãos com recursos limitados que queriam ter uma palavra a dizer no processo de tomada de decisões. Destina-se a lançar luz sobre uma situação problemática comum, a gerar visões sobre o futuro, e a discutir como estas visões podem ser realizadas. Foi desenvolvido por Robert Jungk e Norbert Mullert na década de 1970 (Apel, 2004). Este método envolveu os participantes de um projecto no processo de elaboração de soluções de acordo com a situação existente. O método é uma forma intuitiva e analítica de destacar problemas e procurar sugestões para a sua resolução. O Workshop do Futuro pode ser transferido para situações de educação e aprendizagem. Esta técnica/método também tem sido utilizada na Noruega para desenvolver uma aprendizagem baseada no trabalho no estaleiro de construção (Sannerud, 2012).

Neste estudo, o Workshop Futuro foi utilizado para descobrir os desafios mais prementes e as possíveis soluções para o problema mais urgente encontrado durante o período em que se espera que os estudantes se envolvam activamente na aprendizagem prática. O investigador em conjunto com os interessados organizou o Workshop Futuro (placas 2, 3, 4, 5 & 6) que foi realizado, seguindo as cinco fases.

Fase de preparação: Estudantes do KMLTS, pessoal do laboratório do Hospital Kiwoko (KHL), palestras, membros da comunidade e supervisores de sítios de prática, todos participaram na discussão voluntariamente. A reunião teve lugar a 20th /02/2016 no salão de recreação. Os participantes foram informados da liberdade e democracia de participar na investigação do estudo antes da discussão.

Placa 2: Intervenientes preparando uma sala para reunião

Explicação da fase de planeamento

Todos os interessados eram livres de apresentar os seus pontos de vista sem medo ou favor.

Fase de crítica: Este foi o início da oficina. Aqui, os problemas encontrados na entrega de aulas práticas aos alunos do KMLTS foram listados através de brainstorming, tal como apresentado abaixo. As ideias de todos os participantes foram igualmente respeitadas, permitindo que os membros se abrissem livremente.

Placa 3: os interessados escrevem os desafios identificados nos flip charts.

Quadro 2

Desafios que afectam a aquisição de competências no KMTS

S/N0	Challenges
1.	Much time spend in theory than practical and inadequate monitoring of students during attachment
2.	There is Congestion of students during Hospital Laboratory students' attachment.
3.	Lack of reflective log books for first years to record their practical experiences.
4.	Some important information were removed from curriculum
5.	Students are not allowed to practice a lone.
6.	No gender sensitivity when placing students to external practicum attachments
7.	Inadequate monitoring of students during attachments in hospital laboratory
8.	There is lack of skill assessment policy for students and No MOU'S
9.	Insufficient time allocated for students to practice in the Hospital laboratory
10.	Students dodging duties because of less time given to them for practice.
11.	Students at practicum sites especially Kiwoko hospital Laboratory doge to work in some departments like microbiology to prepare sputum due to less hands on.
12.	Stagnation of students in one department for example blood bank
13.	Not allowing students to perform practical individually
14.	No access to internet in school, the one in Hospital Medical laboratory some staff refuse to disclose pass word to students
15.	We study many parasite but we see very few practically
16.	There is contradiction of standard operational produce(S.O.P) we study in school and Hospital S.O.P
17.	Duty rota for practical skills in hospital laboratory attachment usually collides with classroom teaching, teaching practical is tutor centred

18.	We spend much time in theory than practical
19.	Insufficient staff to teach practical
20.	The tests carried out are not reflected in CBET curriculum
21.	Strict laboratory rules for not allowing students on off duty to appear in Laboratory
22.	Denied opportunity to practice practical in Hospital medical laboratory even on themselves for phlebotomy
23.	School skills laboratory is too small to accommodate allow students during practical sessions
24. **25.**	Skills laboratory which is meant for practical experience is used as classroom for teaching theories
26.	Delay in signing the log books
27.	Teaching practical is tutor centred
28.	Duty Rota for practical skill in Hospital laboratory attachment usually collides with classroom teaching.
29.	Senior students are denied chance to perform some like renal function tests (RFT'S) and Liver functional tests(LFT'S)
30.	Poor motivation of students by the hospital
31.	Sufficient manual methods during training than automated methods
32.	Inadequate tests at the practicum sites than what students study
33.	Inadequate supply of reagent at practicum sites
34.	At practicum sites staff doge duties since students are ever in laboratory
35.	Procedures taught in class were not matching with what was being learnt in classroom
36.	Time spend at study visit sit is very short.
37.	Attitude of staff towards students is not okay
38.	Some staff are not willing to teach students
39.	No time allocated to allow students practice on their own
40.	The Hospital staff knowledge to some tests is limited
41.	Students don't know phlebotomy

Explicação dos dados no quadro 2

A placa 3 apresenta os desafios relatados pelos estudantes, professores e supervisores de locais de estudo no impacto das competências práticas com a escola e locais de prática para produzir graduados competentes. Os desafios dignos de nota no Quadro 2 são, o congestionamento dos alunos em penhora de laboratório hospitalar, negando aos alunos a realização de testes especializados como testes funcionais renais e funcionais hepáticos, o Duty rota para competências práticas em penhora de laboratório hospitalar colide geralmente com a aprendizagem prática em sala de aula, o ensino prático é centrado no tutor, não permitindo aos alunos a realização prática individual, muito tempo gasto em teoria do que na prática, não permitindo aos alunos a exploração de procedimentos fora do laboratório principal do hospital e nenhum tempo alocado para permitir aos alunos a prática prática em grupos, foram democraticamente acordados durante a nossa reunião com as partes interessadas como os principais desafio que afecta a aquisição de competências na KMLTS. Finalmente, os principais desafios foram resumidos num único tópico de investigação de acção (reforçando o envolvimento dos estudantes na participação activa para aprenderem competências práticas através de estágios de trabalho) que foi posteriormente levado a *Workshop Futuro, a fim* de encontrar soluções para a sua mitigação Tabela 3.

Fase de fantasia: Nesta fase, os intervenientes tentaram encontrar soluções utópicas sem quaisquer barreiras, limitações ou restrições. As soluções traçaram um quadro exagerado de possibilidades futuras. A fase de fantasia/utopia gerou uma lista de soluções possíveis para reforçar o envolvimento dos estudantes na participação activa para aprenderem competências práticas através das placas de trabalho 3 & 4.

Placa 4: partes interessadas que partilham soluções de utopia

Placa 5: Solução de utopia cravada na parede

Quadro 3

Soluções utópicas sem quaisquer barreiras, limitações ou restrições

	Utopian solutions	Implementable solutions
1.	Laboratory results interpretation round table	✓
2.	Expanding the existing skills laboratory	
3.	There should be student assessment policy	✓
4.	Allocate specific period for theories and practical	✓
5.	Students should visit all study sites that were indicated in their circular	
6.	Female students should also go for study attachment outside Kiwoko Hospital in next attachment	✓
7.	In-charge should supervise staff on night duties at least two in a week	
8.	Students need to have counselling skills in laboratory management course unit.	✓

9.	Sign post showing concept of training lab. students	✓
10.	School need to buy more books(for entrepreneurship and clinical chemistry)	
11.	Students exposure to ICT should be improved by opening the room every day	
12.	For good practical experience we need only four shifts i.e. Morning (7am to 1pm), after noon (1pm to 5 pm), Evening (5pm- 9pm), and Night (9pm – 7am).	✓
13.	Certain months should be spared for practicum attachment only	
14.	There should be always meetings between staff and students this removes gap between students and staff	✓
15.	School staffs need to supervise students during Hospital attachments.	✓
16.	Students should be given S.O.PS' Whenever they go for attachment	
17.	School should have visual aids during learning and teaching process	✓
18.	School should motivate Hospital staff by allocating some practical skills for demonstration to hospital staff, parties, Luncheon etc.	
19.	Continuous of medical education (CMES') between Hospital staff, students and tutors to harmonize some practical procedures.	✓
20.	Regular meetings with staffs, Tutor and students at least once in a mouth.	✓
21.	Sites for practicum attachment should be well equipped	
22.	There is a need to have practical mentor in the laboratory but not all the tutors need to go there	
23.	student centred practical should be implemented	✓

24.	Improve on motivation of students for night duties i.e. 500/= to 1000/=, 2 spoons of sugar per student to 1kg of sugar per student for one month	✓
25.	Student should be committed to reasons why they have gone to the practicum sites.	
26.	Students should be given practical content / objective to cover while at practicum site	✓
27.	Students should know the staff they are working with in each department	✓
28.	During attachment students should go to the practicum sites which are full automated, and with MOU	✓
29.	Students should respect staff	
30.	There should be CME'S and demonstration on femoral tapping	✓
31.	Students should be involved in specimen collection in the wards like Lumbar puncture for cerebral spine fluid.	✓
32.	Different Tutors should demonstrate practical skills	✓
33.	There should be self- directed study for practical	✓

Explicação das descobertas durante a fase de fantasia

Na fase de fantasia/utopia, as partes interessadas geraram democraticamente soluções ideais que não tinham barreiras ou limitações à sua implementação para resolver o problema da aquisição de competências, tal como demonstrado acima.

Fase de implementação: Esta é também chamada fase de realidade onde as soluções realistas e práticas foram listadas e a solução mais adequada foi escolhida e marcada. Foi elaborado um plano de acção que indicava quem, faz o quê, onde, quando, e como, a fim de implementar as soluções utópicas que foram transformadas em soluções praticamente implementáveis, tal como apresentado no Quadro4:

Placa 6: Intervenientes que partilham soluções praticamente implementáveis

Quadro 4

Soluções exequíveis identificadas pelas partes interessadas

	Implementable solutions
1.	Different tutors should demonstrate practical skills to students.
2.	There should be time table for self-study of practical in the afternoon by students.
3.	School should obtain MOU's for New practicum sites
4.	Students should be given practical content to cover while at practicum site
5.	There should be an attachment of second years to pharmacy and recorders department.
6.	Allocate specific period for theories and practical.
7.	Female students should be allowed to go for practicum attachment outside Kiwoko Hospital in next attachment
8.	The school should display the concept of Basic training for Medical laboratory in the school compound.
9.	There should be time allocated to interpret laboratory report.
10.	Students need to have pre and post-test HIV counselling skills.
11.	For good practical experience we need only four shifts i.e. Morning (7am to 1pm), after noon (1pm to 5 pm), Evening (5pm- 9pm), and Night (9pm – 7am).
12.	School staffs need to supervise students during Hospital attachments.
13.	CMES' between Hospital staff, students and tutors to harmonize some practical procedures.
14.	Regular meetings with staffs, Tutor and students at least once in a mouth.

Quadro 5

Plano de acção para soluções práticas capazes de implementar

Implementable solutions	Responsible person	Duration December 2015 – april.16
1. There should be demonstration of Practical skills to students by all teachers.	Skills demonstration teacher	3months

2. There should be time for Students to learn practical independently.	Practical skill development tutor	3months
3. There should be partnership with new practicum site for attachment.	Principal	3moths
4. Students should be given practical content to cover per semester	Skills development tutor	3months
5. Students should have practical attachment in pharmacy for stocking taking and records for record keeping management.	Skills development tutor & in charge	3months
6. Allocate specific period for theories and practical in the time table i.e. Two weeks practical and two weeks theory	Skills development tutor	3months
7. Female students should also go for study attachment outside Kiwoko Hospital in the next practicum attachment	Academic registrar	3months
8. Students need to have counselling skills in HIV laboratory tests results	Principal	4months
9. For good practical experience we need only four shifts i.e. Morning (7am to 1pm), after noon (1pm to 5 pm), Evening (5pm- 9pm), and Night (9pm - 7am).	Skill development Tutor	3months
10. School staffs need to supervise students during Hospital attachments and partner hospital practicum attachment.	Academic registrar	3months
11. There should be time for students to interpret laboratory results	Tutors	3months

Explicação dos dados acima mencionados

Na fase da realidade, todas as soluções utópicas foram transformadas em soluções praticamente implementáveis.

As soluções mais adequadas foram democraticamente escolhidas para a implementação. As partes interessadas concordaram democraticamente e criaram um sistema de monitorização para assegurar que todas as partes interessadas cumprem com a implementação das melhores soluções escolhidas.

Acompanhamento: Esta fase é também conhecida como oficina permanente, onde os participantes fazem um acompanhamento para avaliar o sucesso ou problemas encontrados enquanto tentam resolver o problema e encontrar o caminho a seguir. O final de Setembro de 2016 foi fixado para avaliação.

1.5 as partes interessadas preocupam-se

A educação em tecnologia laboratorial médica no Uganda destina-se a produzir cientistas de laboratório clínico, técnicos de laboratório médico, tecnólogos de laboratório médico e assistência laboratorial que satisfaçam as exigências da indústria, hospitais, intuições médicas e pacientes. (MOEST&S, 2008). A ênfase está no desenvolvimento de competências através de uma série de exercícios práticos lógicos, aplicação de conhecimentos e atitudes relevantes (MOEST&S). Orienta os formadores na selecção de objectivos, competências e oportunidades mais relevantes para a promoção da saúde comunitária, em oposição à abordagem curativa utilizada nos currículos de base institucional. Assim, espera-se que a educação e formação em laboratório médico prepare os formandos para trabalhos que são marcados por actividades práticas.

Foi, portanto, a nossa recomendação como "partes interessadas" que a educação laboratorial médica deve assegurar que um aprendente desenvolva directamente empreendimentos práticos, base de conhecimentos e perícia em técnicas laboratoriais médicas. Para o conseguir, a educação em tecnologia laboratorial médica deve ser direccionada para as necessidades hospitalares. Por conseguinte, as instituições de formação devem encorajar a implementação de aprendizagem activa ou aprendizagem pela prática. As actividades de Aprendizagem na escola devem ser tornadas idênticas às actividades no local de trabalho, de modo a criar capacidade no aprendente para aplicar os conhecimentos e competências adquiridos ao mundo do trabalho. Isto pode ser conseguido através do envolvimento dos aprendentes em actividades práticas que sejam relevantes para as necessidades do paciente e do local de trabalho.

Na escola de laboratório de medicina Kiwoko é dado mais tempo à teoria e menos tempo aos alunos para praticarem. A aprendizagem prática era mais centrada no instrutor do que no aprendiz cantrado. Neste caso o professor decide sobre o que aprender, como e quando aprender, onde e porque é que os alunos devem aprender. Esta abordagem faz com que os alunos sejam destinatários passivos da informação que o professor lhes dá através de palestras ou notas de aula. Este tipo de ensino não permite que os alunos tenham oportunidade suficiente para exercitar o que foi ensinado, de modo a poderem aprender com o que fazem em vez disso, encoraja o trabalho em grupo, o que consequentemente impede a aquisição e o desenvolvimento de competências.

A partir das teorias de aprendizagem cobertas no meu primeiro semestre do primeiro ano neste programa de estudos de mestrado, fizeram-me compreender que as pessoas aprendem melhor quando estão activamente envolvidas na sua própria aprendizagem. Em termos de abordagem pedagógica, as instituições de formação em saúde deveriam adoptar uma abordagem centrada nos alunos, permitindo que os tutores actuem como facilitadores. A investigação demonstrou que ao interagirem com os seus pares, os estudantes são capazes de identificar os seus equívocos e melhorar o seu desenvolvimento cognitivo. Ao ouvirem os argumentos uns dos outros, os estudantes voltam aos conceitos errados anteriores e contestam argumentos, o que levou a argumentos mais fortes (Maher & Mueller, 2009). O processo é enfatizado, não o resultado, ajudando os estudantes a tornarem-se mais auto-suficientes e independentes (Cerezo, 2004). A partir disto, podem desenvolver a confiança e apropriar-se da sua aprendizagem. A aprendizagem activa melhora o sucesso académico dos estudantes e instila a motivação intrínseca. As actividades do Laboratório Médico devem, portanto, incorporar o estímulo intelectual e social para envolver os estudantes no Ensino & Aprendizagem (Ricks, 2010).

1.6 Declaração do problema

Como pode a Escola de Formação Médica de Kiwoko fortalecer o envolvimento dos estudantes na participação activa para aprenderem aptidões práticas através de estágios de trabalho enquanto utilizam o laboratório de aptidões escolares, o laboratório de ensino hospitalar e os locais de prática de anexos.

1.6.1 Explicação da declaração do problema

O Ministério da Educação, Ciência, Tecnologia e Desporto em 2013 forneceu currículo baseado em competências (CBET) a todas as escolas de Medicina Laboratorial. O objectivo era promover a formação em mãos. O desenvolvimento deste currículo foi baseado na competência do mundo do trabalho e foi desenvolvido utilizando o modelo DACUM[8] . A abordagem de ensino & aprendizagem em todos os institutos de saúde consiste em promover uma experiência de trabalho real para os alunos, permitindo-lhes utilizar as suas competências académicas & técnicas para desenvolver as competências necessárias no mundo do trabalho. Contudo, as actuais abordagens de Ensino & Aprendizagem no Instituto de Formação em Saúde Kiwoko tornam os aprendentes passivos, ineficientes na aprendizagem e recursos inadequados Utilização (áreas práticas)". Assim, torna-se menos competitivo para o mercado de trabalho que afecta a família e o estudante económica e psicologicamente. Este é um precedente perigoso para o futuro de todo o país na formação de pessoal médico laboratorial cujo único objectivo é diagnosticar as condições dos pacientes para uma administração adequada do tratamento. É a partir deste contexto que o investigador e os interessados decidiram utilizar uma estratégia de aprendizagem activa para promover a apropriação da

[8] **DACUM** é um acrónimo de Developing a Curriculum. Developing a Curriculum (**DACUM**) é um processo que incorpora a utilização de um grupo focal num processo de storyboarding facilitado para capturar as principais tarefas e tarefas relacionadas incluídas numa ocupação, bem como, os conhecimentos, competências e traços necessários

aprendizagem entre os alunos do KMLTS antes que a situação se descontrole.

1.7 *Finalidade do estudo*

Através da investigação activa e da futura oficina de trabalho, o objectivo do estudo será reforçar a aprendizagem activa dos estudantes através de estágios de trabalho entre estudantes do KMLTS no distrito de Nakaseke.

1.8 *Objectivos do estudo*

Juntamente com mentores e partes interessadas, propusemo-nos empregar técnicas de investigação de acção na realização do nosso projecto com os seguintes objectivos.

1. Identificar medidas de intervenção que possam ser utilizadas para permitir aos estudantes usufruir e reter competências durante a prática de fixação que é necessária no mundo do trabalho.
2. Implementar intervenções identificadas para permitir aos estudantes usufruir e reter competências durante a prática de fixação que é necessária no mundo do trabalho.
3. Avaliar o impacto das possíveis estratégias de intervenção que permitirão aos estudantes de laboratório médico enriquecer a sua aquisição de competências práticas.

1.8.1 Pesquisas q uestões

1. Como é que o practicum site afecta a aquisição de competências laboratoriais médicas do aluno?
2. Que intervenção pode ser utilizada para permitir que os estudantes desfrutem e retenham competências durante a prática que é necessária no mundo do trabalho?
3. Como implementar intervenções que permitam aos estudantes usufruir e reter competências durante a prática de fixação?
4. Que impacto pode ser causado por estratégias de intervenção que permitam aos estudantes de laboratório médico reter e desfrutar de competências práticas em locais de prática?

1.9 significado do estudo

T estuda, através de um esforço de grupo com as partes interessadas na abordagem dos desafios relacionados com a má aquisição de laboratórios médicos práticos nos locais de trabalho. Se as soluções possíveis forem identificadas e totalmente implementadas, o programa KHMLTS estará em posição de produzir técnicos competentes que possam satisfazer as exigências dos interessados em laboratórios, locais de trabalho e expectativas dos pacientes. Assim, os licenciados estarão "prontos para o trabalho" para se inserirem no mundo do trabalho.

1.10 âmbito do estudo

1.10.1 Âmbito do conteúdo

O âmbito do conteúdo deste projecto estava ligado aos objectivos de investigação e às questões deste estudo. No primeiro e segundo objectivos, a ênfase é colocada na intervenção para os desafios que os alunos enfrentam na aquisição de competências práticas em diferentes níveis de ensino prático e na implementação da intervenção para permitir aos alunos usufruir e reter competências durante a prática que é necessária no mundo do trabalho, respectivamente. No terceiro objectivo, o enfoque foi ligado ao impacto das possíveis estratégias de intervenção que permitirão aos estudantes de laboratório médico enriquecer a aquisição das suas competências práticas.

1.10.2 Período de tempo

O primeiro estudo foi realizado em 12th /Nov.2015. O prazo é de 1 /Nov.2015 a 1st / Maio de 2016 para apresentação da tese.

1.10.3 Âmbito geográfico

O estudo foi realizado na escola da KHMLTS que era um dos departamentos de Formação do Hospital Kiwoko. O Hospital é um hospital comunitário afiliado à igreja do Uganda, no centro do Uganda. O hospital estava localizado na cidade de Kiwoko, no distrito de Nakaseke. Kiwoko está localizado no triângulo Luweero, aproximadamente 79,5 Kms, por estrada, a noroeste de Kampala, capital e maior cidade do Uganda.

CAPÍTULO 2

REVISÃO BIBLIOGRÁFICA

2.0 Introdução

Este capítulo apresentou uma revisão da literatura relacionada com a aquisição de competências através de estágios de trabalho para estudantes de tecnologia de laboratório médico. A principal estratégia utilizada para identificar literatura relevante incluiu a pesquisa nas bases de dados CINAHL, Medline e Eric, utilizando uma série de palavras-chave que foram desenvolvidas de acordo com objectivos específicos em estudo. Estes incluíam estágios clínicos, factores que impediam a aquisição de competências, intervenção para aquisição de competências, implementação de intervenção para melhorar a aquisição de competências e impacto da intervenção para sustentar a aquisição de competências. Outras fontes de informação incluíram monografias, relatórios, teses e dissertações de qualidade da Biblioteca da Universidade de Kyambogo. Por conseguinte, este capítulo começou com uma breve panorâmica das colocações clínicas para estudantes de laboratório médico. Seguiu-se uma discussão sobre a forma como as competências laboratoriais médicas são afectadas pelos anexos práticos. Esta revisão bibliográfica aborda depois os três factores-chave que têm um impacto negativo na aquisição de competências: o stress profissional, a incivilidade/desrespeito no local de trabalho e a agressão na sequência de objectivos de investigação. Em seguida, o investigador tentou rever intervenções para promover a aquisição de competências, implementação e avaliação do impacto das intervenções para aquisição de competências. Finalmente, o capítulo foi concluído com um breve resumo.

2.1 Colocações clínicas/trabalho

A colocação clínica é uma componente vital na preparação dos estudantes para a realidade do seu papel como profissionais (Williams, 1994 como citado por Roby Nash, 2007). Talvez não surpreendentemente, esta aprendizagem experimental, ou aprendizagem através de estágios, é frequentemente considerada pelos estudantes como mais significativa do que a recebida nas salas de aula (Lambert & Glacken, 2005). Uma colocação clínica de qualidade é aquela que atinge com sucesso os objectivos de educação clínica nos estágios de trabalho. Estes objectivos incluem mas não estão limitados a: (1) a quantidade e qualidade da aprendizagem experimentada pelos estudantes, (2) o grau em que a experiência é individualizada para satisfazer as necessidades dos estudantes (Rodger et al, 2011), (3) preparação adequada para a prática profissional, e (4) utilização eficiente dos recursos para atingir as competências clínicas (Newberry 2007).

No contexto clínico, os estudantes de laboratório médico não só aplicam conhecimentos, competências e conceitos introduzidos na sala de aula, como também aprendem a envolver a sua compaixão, pensamentos e juízos

e adquirir as atitudes e valores necessários para a prática profissional(Dun,2008). A exposição aos clínicos, a oportunidade de comunicar cara a cara com os pacientes, interagir com as equipas de cuidados de saúde, fornecer cuidados e praticar habilidades sob supervisão, receber feedback sobre o desempenho e reflectir sobre a experiência é vital para o desenvolvimento da competência e a capacidade de funcionar eficazmente como um novo graduado (New et al, 2011).

Os estágios clínicos de qualidade proporcionam aos estudantes oportunidades de desenvolvimento de competências, socialização na profissão, e uma ponte entre a aprendizagem académica e o local de trabalho (Rodger et al, 2011). Os estágios clínicos identificados pelos estudantes e pelo facilitador clínico são a experiência de aprendizagem mais influente no percurso do estudante para se tornar um profissional de saúde competente (Koontz et al, 2010). Apesar do consenso sobre a importância da experiência de aprendizagem clínica, as questões sobre a qualidade do processo de colocação ainda são questionáveis no domínio das pessoas.

2.3 Obstáculos à aquisição de competências durante o trabalho/colocação clínica

É amplamente aceite que as experiências em estágios/estabelecimentos clínicos podem afectar o grau e o tipo de aprendizagem que ocorre, e ter um impacto significativo na forma como os estudantes são socializados na profissão de Laboratório Médico (Laschinger, 2008). Na maioria dos programas de laboratório médico de graduação, se não todos, os estudantes empreendem a sua experiência clínica numa variedade de cenários que incluem Hospitais, centros de saúde e clínicas. Em todos estes ambientes existem barreiras que podem ter impacto na oferta de educação laboratorial médica clínica de qualidade e, por conseguinte, na aprendizagem clínica dos estudantes e, consequentemente, impedir o desenvolvimento de competências.

Segundo Lambert (2008), há dois factores principais que obstruem claramente a satisfação e o sucesso dos estudantes de medicina laboratorial no ambiente de aprendizagem clínica; stress ocupacional e incivilidade/desrespeito e agressão no local de trabalho. O impacto adverso destes dois fenómenos nos indivíduos, equipas e organizações está bem documentado na literatura de psicologia organizacional (Rodger et al. (2011). São aqui discutidos mais aprofundadamente no contexto da experiência de estágio de trabalho.

2.3.1 stress ocupacional

Os ambientes de serviço de laboratório médico podem ser particularmente desafiantes mesmo para o profissional de saúde mais experiente. De acordo com Chapman (2011), as barreiras geralmente citadas à aquisição de competências pelos estudantes durante os estágios clínicos incluem (1) a primeira experiência clínica, (2) falta de preparação adequada para a colocação, (3) má supervisão e conflito com o supervisor,

(4) a quantidade de conhecimentos a adquirir e a rapidez com que o fazer, (5) a falta de apoio dos colegas de trabalho e da instituição académica, (6) o medo de cometer erros, (7) o medo de avaliações de competência, (8) o sentimento de não pertencer, (9) sentir-se intimidado pelo pessoal, e (10) pacientes difíceis ou críticos (Pinnock et al. 2011). Além disso, os estudantes relataram ter sido utilizados como trabalhadores para responder à escassez de pessoal, à custa do seu papel como aprendizes (Koontz et al. 2010).

2.3.2 Incivilidade/desrespeito e agressão ao local de trabalho

Segundo Anthony et al. (2011), a incivilidade no local de trabalho é definida como comportamentos intimidantes e perturbadores que são "comportamentos desviantes de baixa intensidade com intenção ambígua de prejudicar o alvo, em violação das normas de respeito mútuo no local de trabalho" (Anderson, 2011). Yastik (2011), nota que os estudantes clínicos são relativamente impotentes em contextos de cuidados de saúde e, portanto, alvos vulneráveis. Isto foi demonstrado por estudantes que denunciaram ostracismo ou excluem comportamentos hostis ou grosseiros, e comportamentos desdenhosos por parte do pessoal. Mais de metade dos estudantes no estudo ugandês relataram sentir-se desrespeitados, desvalorizados, ignorados, e invisíveis durante as colocações (Curtis, 2007). Como resultado, muitos estudantes relataram um impacto adverso nas suas futuras decisões de carreira e emprego (Bown,2007).

2.4 *Intervenção e implementação, para permitir a aquisição de competências por parte dos estudantes*

Para fazer face aos desafios inerentes ao processo de estágio e ambiente de trabalho, surgiu uma variedade de intervenções de educação clínica com o objectivo de melhorar a aquisição de competências por parte dos estudantes (Zeira, 2010). Esta secção descreve a implementação das seguintes intervenções para estágios clínicos de qualidade para aquisição de competências: (1) modos de supervisão clínica, (2) estrutura e duração do estágio, (3) estágios interprofissionais, (4) avanços tecnológicos, e

(5) Novo processo de ensino e aprendizagem.

2.4.1 Modos de supervisão

A investigação que investiga a supervisão de grupo tem sido misturada com alguns estudantes em alguns estudos classificando-a como menos favorável quando comparada com a supervisão individual (Sheepway et al.2011), e outros estudos relatando modelos de agrupamento de oito estudantes num turno com um supervisor como aumentando a aprendizagem, satisfação, e capacidade de colocação (Bourgeons et al. 2011). Na sua forma mais simples, a supervisão interpares envolve dois estudantes emparelhados durante a colocação. Esta abordagem facilita a aprendizagem, facilitando a transição da sala de aula para o ambiente de aprendizagem clínica (Ruth- Sahd, 2011). Outro modelo de supervisão por pares é aquele em que dois estudantes são emparelhados com um supervisor (Du plessis, 2004). Watt et al. (2011) relataram as seguintes modalidades para reduzir a ansiedade dos estudantes e aumentar a eficácia durante os estágios de trabalho: mentoria de pares, actividades de reflexão, e simulações de baixa fidelidade em procedimentos laboratoriais médicos, interpretação e documentação dos resultados laboratoriais dos doentes, e cenários clínicos típicos.

2.4.2 Duração da colocação

Os estágios mais longos dos estudantes de laboratório médico, em particular, foram avaliados como mais eficazes para promover a aquisição de competências (Hudson et al. 2011). Por exemplo, os estágios clínicos semanais têm sido utilizados no Reino Unido, onde os estudantes de laboratório médico frequentam o seu estágio clínico durante dois a três dias por semana, e passam os dias restantes a assistir a palestras, tutoriais e laboratórios de competências (Kevin et al.2010). Resultados de estágios clínicos onde os estudantes passam mais de 20 semanas, mostram que os estudantes foram mais eficientes, com maior probabilidade de regressar ao estágio (Smedts, 2008). Resultados semelhantes foram encontrados noutros estudos, que mostram que os estágios mais longos aumentaram a responsabilidade dos estudantes, a aprendizagem orientada por exames, a flexibilidade do programa para abordar lacunas educacionais e uma percepção forte e positiva da continuidade educacional (Mihalynuk 2008).

2.4.3 Colocações interprofissionais

A literatura recente propôs a colaboração inter-profissional em estágios de trabalho, sugerindo que o ambiente clínico é um cenário ideal para desenvolver as capacidades de prática colaborativa dos estudantes (Dubouloz et al.2010). Hilton & Morris (20011) recomenda conferências de casos, reuniões de equipas, e rondas de interpretação de resultados laboratoriais são actividades importantes que podem facilitar o desenvolvimento das capacidades de comunicação dos estudantes e a sua capacidade de trabalhar em colaboração com outros. Dubouloz et al... acreditam que a colaboração entre profissionais de saúde é a chave para cuidados de qualidade para os pacientes.

2.4.4. Avanços tecnológicos e simulação

As intervenções tecnológicas capazes de proporcionar oportunidades de aquisição de competências durante estágios clínicos incluem aprendizagem e simulações clínicas baseadas na web (Baillie, 2009). A integração de casos de doentes virtuais baseados na Web em colocações clínicas levou os estudantes a desenvolver os seus conhecimentos e competências médicas, aliviando ao mesmo tempo as pressões de acessibilidade tanto para doentes como para supervisores (Berman et al. 2009). A utilização de Microscopia Digital em linha (DM) na educação dos estudantes de patologia demonstrou ser um método de ensino eficaz.

De acordo com Curzio(2009), as simulações são actividades que imitam a realidade dos ambientes clínicos. O uso de simulações na educação sanitária está a tornar-se cada vez mais comum a cada dia (Baillie & Curzio 2009). Na simulação, os estudantes aprendem num ambiente clínico realista onde podem praticar as suas competências sem risco para os pacientes, e depois aplicam estas competências num estágio clínico (Harder 2010). Estudos sobre o efeito das simulações na experiência dos estudantes e dos supervisores de estágios clínicos descobriram que são considerados como educacional, profissional e clinicamente relevantes (Williams et al. 2009). Descobriu-se que as simulações aumentam o envolvimento dos estudantes, as suas capacidades de raciocínio psicomotor e clínico, auto-confiança, auto-eficácia, capacidade de gerir situações desconhecidas, e satisfação com a aprendizagem (Harder, 2010).

2.4. 5 Abordagens de aprendizagem activa

A aprendizagem activa requer mais do que a tradicional tomada de notas de uma sessão de conferências (Prince, 2004). De acordo com Felder (2003), os elementos centrais da aprendizagem activa são a actividade, o empenho e a reflexão dos estudantes. A aprendizagem activa engloba uma vasta gama de abordagens pedagógicas comummente utilizadas em instituições médicas. Há provas de que, para um facilitador clínico, o desejo de envolver os estudantes num processo de aprendizagem ao longo da vida, a utilização de competências académicas de ordem superior, tais como aprendizagem colaborativa, aprendizagem cooperativa, e aprendizagem baseada em problemas, Comunidade de prática, aprendizagem baseada no trabalho são significativamente essenciais para aumentar a aquisição de competências dos estudantes em estágios de trabalho.

i. ***Aprendizagem colaborativa***

A aprendizagem colaborativa é um método de ensino e aprendizagem em que a equipa de estudantes se junta para explorar um trabalho/questão prática significativo ou criar um projecto significativo (Prince, 2004). Isto implica que um grupo de estudantes a discutir uma palestra ou estudantes de diferentes escolas a trabalhar em conjunto pela Internet num trabalho partilhado são alguns dos exemplos de aprendizagem colaborativa. A aprendizagem colaborativa está enraizada no conceito de Aprendizagem de Lev Vygotsky chamado Zona de Desenvolvimento Proximal (ZPD). O ZPD é a diferença entre o que um aprendente pode fazer sem ajuda e o que pode fazer com ajuda. De acordo com Wass & Golding (2014), os tutores devem atribuir tarefas que os estudantes não podem fazer sozinhos, mas que podem fazer com assistência. Devem fornecer assistência suficiente para que os estudantes aprendam a completar as tarefas de forma independente e depois proporcionar um ambiente que permita aos estudantes fazer tarefas mais difíceis do que seria possível de outra forma.

Além disso, neste tipo de aprendizagem, os estudantes aprendem algo em conjunto que promove o pensamento crítico. Segundo Gokhale (1995), na aprendizagem colaborativa, os estudantes são capazes de atingir níveis mais elevados de aprendizagem e reter mais informação quando trabalham em grupo e não individualmente. Ao contrário da aprendizagem individual, os estudantes empenhados na aprendizagem colaborativa capitalizam os recursos e competências uns dos outros (Lee & Hyunkyung, 2014). Assim, a aprendizagem colaborativa é geralmente ilustrada quando grupos de estudantes trabalham em conjunto para procurar compreensão, significado, ou soluções ou para criar um artefacto ou produto da sua aprendizagem.

i. Aprendizagem cooperativa

A aprendizagem cooperativa é um processo instrucional centrado na aprendizagem, no qual pequenos grupos de três a cinco estudantes, deliberadamente seleccionados, trabalham interdependentemente numa tarefa de aprendizagem bem definida (Felder et al., 2001). É de notar que a aprendizagem cooperativa não é tanto aprender a cooperar, mas sim aprender a cooperar. Cooperação significa trabalhar em conjunto para atingir objectivos comuns, pelo que é uma técnica instrucional em que os alunos trabalham em pequenos grupos para se ajudarem uns aos outros a atingir um objectivo de aprendizagem comum (Killen, 2007). Os estudantes são responsabilizados individualmente pelo seu próprio desempenho e o instrutor serve como facilitador no processo de aprendizagem em grupo. Isto é ainda apoiado por Feden & Vogel (2003) que definiu a aprendizagem cooperativa como uma forma estruturada de trabalho de grupo em que os estudantes perseguem objectivos comuns enquanto são avaliados individualmente.

No seu núcleo, a aprendizagem cooperativa baseia-se na premissa de que a cooperação é mais eficaz do que a competição entre estudantes para produzir resultados de aprendizagem positivos. Quando os estudantes trabalham em grupo, haverá criação de um ambiente natural no qual se promoverá um trabalho de equipa eficaz e competências interpessoais. Macgregor et al. (2009) recomendam explicitamente a formação dos estudantes na aquisição de competências utilizando uma abordagem de aprendizagem cooperativa. Johnson e Johnson (2008) relatam que as competências sociais tendem a aumentar mais com a cooperação do que com situações competitivas ou individuais. Terenzini et al (2001) relatam que os estudantes aumentam as competências da equipa como resultado da aprendizagem cooperativa.

ii. Aprendizagem baseada em problemas

A aprendizagem baseada em problemas (PBL) é um método de instrução onde problemas relevantes são introduzidos no início do ciclo de instrução e utilizados para fornecer o contexto e a motivação para a aprendizagem que se segue (Norman & Schmidt, 2000). PBL envolve normalmente quantidades significativas de aprendizagem autodirigida por parte dos estudantes e é sempre activo e geralmente colaborativo ou cooperativo. Estudos sugerem que PBL desenvolve atitudes mais positivas dos estudantes, promovendo uma abordagem mais profunda da aprendizagem e ajudando os estudantes a reter o conhecimento por mais tempo do que a instrução tradicional (Colliver. 2000). Além disso, tal como a aprendizagem cooperativa proporciona um ambiente natural para promover competências interpessoais, PBL proporciona um ambiente natural para o desenvolvimento de competências de resolução de problemas e aprendizagem ao longo da vida. De facto, algumas provas mostram que PBL desenvolve competências melhoradas de resolução de problemas em estudantes de medicina e que estas competências podem ser melhoradas ainda mais através da associação de PBL com instrução explícita na resolução de problemas (Vernon & Blake., 2003). Estudos também sugerem que os estudantes reterão informação durante mais tempo e talvez desenvolvam melhores capacidades de pensamento crítico e de resolução de problemas, especialmente se PBL for acoplado com instrução explícita nestas capacidades. A partir da informação dada pode ver-se que PBL é uma abordagem centrada no aluno - em que o professor actua como um facilitador. Esta abordagem de ensino dos alunos é mais comummente utilizada em estudos laboratoriais médicos. PBL envolve estudantes que trabalham com um grupo para colaborar, classificar os seus conhecimentos, e apresentar uma solução com explicações (Cerezo, 2004). Uma forma poderosa de trabalho colaborativo envolve membros do grupo que dependem uns dos outros para criar, desafiar, e processar novas ideias (Francisco & Maher, 2005). Estudos têm demonstrado que os estudantes que aprendem através de uma abordagem baseada em problemas apresentam maior realização tanto em testes padronizados como em testes de projecto que lidam com situações realistas do que os estudantes ensinados em ambientes de aprendizagem tradicionais baseados em conteúdos (Boaler,2008).

iii. Comunidades de prática

As comunidades de prática são grupos de pessoas que partilham uma preocupação ou uma paixão por algo que fazem e aprendem a fazê-lo melhor à medida que interagem regularmente (Wenger circa 2007). De facto, os estudantes de laboratório de medicina Kiwoko são reunidos juntando-se em actividades comuns durante a prática, o auto-estudo dirigido e pelo "que aprenderam através do seu envolvimento mútuo nestas actividades". Por conseguinte, a aprendizagem envolve a participação na comunidade de prática. Isto é apoiado por Wenger (2002) que argumentou que a participação dos alunos "não se refere apenas a eventos locais de envolvimento em certas actividades com certos alunos, mas a um processo mais abrangente de participação activa nas práticas das comunidades sociais e de construção de identidades em relação a estas comunidades. Assim, as intenções dos aprendentes de aprender estão envolvidas e o significado da aprendizagem é configurado através do processo de se tornar uma participação plena nas actividades escolares.

Lave and wenger (1991) argumentou que, à medida que o aprendiz se desloca da periferia da comunidade para o seu centro, ele ou ela torna-se mais activo e empenhado na colocação de trabalho e acaba por assumir o papel de um perito. Brown, Collins & Duguid (1988) enfatizam a ideia de aprendizagem cognitiva: que apoiam a aprendizagem permitindo aos estudantes adquirir, desenvolver e utilizar ferramentas cognitivas na actividade de domínio autêntico.

iv. aprendizagem baseada no trabalho

O termo "aprendizagem baseada no trabalho" está a tornar-se omnipresente, particularmente no contexto das discussões sobre a tecnologia laboratorial médica a todos os níveis de aprendizagem. É amplamente utilizado em toda a literatura, academia e indústria para descrever uma multiplicidade de abordagens através das quais se pode aprender através do trabalho (Tikkamaki, 2006). De acordo com Collin e Villella, (2005) WBL envolve um conjunto de conceitos, incluindo aprendizagem ao longo da vida, empregabilidade e flexibilidade. O trabalho - aprendizagem baseada no trabalho está longe para os estudantes desenvolverem o seu potencial (Boyer, 2009). Também contribui para o desenvolvimento da identidade profissional e pode aumentar a auto-estima. A aprendizagem no trabalho permite aos que têm emprego desenvolverem o seu potencial enquanto mantêm os seus ganhos (Gallacher, 2009).

O WBL envolve aprender no local de trabalho, aprender através do trabalho - aprender enquanto se trabalha, aprender para o trabalho - fazer melhor coisas novas ou existentes e aprender com o trabalho - utilizando a experiência do trabalho (Billett et al., 2005). É agora claro que, através da aprendizagem no trabalho, os estudantes têm a oportunidade de ver como as instruções da sala de aula e do laboratório de desenvolvimento de competências se ligam ao mundo do trabalho e às futuras oportunidades de carreira.

2.5 *Impacto da intervenção utilizada no apoio à aquisição de competências por parte dos*

estudantes

A revisão bibliográfica nesta secção baseia-se na avaliação de quatro modelos de facilitação clínica utilizados na aprendizagem no local de trabalho. Esta discussão foi incluída porque é altamente relevante para o presente estudo. Os modelos visados nesta secção são os que têm sido utilizados principalmente para a aquisição de competências através de supervisão ou preceptoria: (1) pessoal académico a tempo inteiro que facilita numa base 1:8 (2) pessoal profissional que facilita numa base 1:8 (3) pessoal destacado que facilita numa base 1:8 (4) preceptor que facilita numa base 1:1. De acordo com Ellis & Hogard (2001), os estudantes desfrutaram das suas colocações clínicas - independentemente do modelo de facilitação que foi utilizado e valorizaram a oportunidade de "pôr a sua teoria em prática", em particular, valorizaram a contribuição dos seus facilitadores clínicos e sentiram que os professores clínicos tinham desempenhado um papel fundamental na sua aprendizagem e desenvolvimento clínico.

i. Facilitador a tempo inteiro do pessoal académico

Os facilitadores da instituição não são membros do pessoal do local de prática clínica e, por conseguinte, têm sido vistos como "forasteiros" pelo pessoal das instalações de cuidados de saúde. Na Austrália, o rácio facilitador: estudante tem sido geralmente de 1: 8 (Grealish & Carrol, 2008). O facilitador é responsável pelo briefing e debriefing dos estudantes, organização das tarefas dos estudantes, ensino clínico directo, ligação com o pessoal da agência de saúde, consulta com os estudantes relativamente ao seu progresso e avaliação dos estudantes. No entanto, Karuhije(2009) fez a observação de que aqueles que são competentes na sala de aula não são necessariamente habilidosos no ensino no contexto da prática. Na maioria das instituições, o pessoal a tempo inteiro está ocupado com o seu ensino, actividades académicas, de serviço comunitário, aulas para preparar e conduzir, marcação e funções administrativas a desempenhar durante o tempo em que também estão envolvidos na facilitação da saída dos estudantes - a experiência clínica do campus e o ensino clínico, por si só, não é uma busca academicamente valorizada(Karuhije,2008). Em combinação com o aumento das matrículas dos estudantes, estes factores têm exigido o emprego de facilitador clínico de sessões na Austrália (2006).

ii. Facilitador do pessoal profissional

Os Facilitadores Profissionais são geralmente contratados por curtos períodos de actividade quando os estudantes estão a trabalhar/estagiar na escola (Wong, 2007). É importante notar que este pessoal pode ter conhecimentos clínicos, mas menos preparação académica e menos familiaridade com o currículo do que os membros de instituições a tempo inteiro e ter pouco ou nenhum conhecimento de e ou experiência no ensino clínico (2004). Assim, embora as sessões de orientação e desenvolvimento profissional façam parte da sua preparação para o papel (Duke, 2006), estes facilitadores estão geralmente menos sintonizados com os objectivos curriculares e podem experimentar uma série de dificuldades, incluindo a avaliação do desempenho dos estudantes (Wong, 2007). O recrutamento e retenção de facilitadores de sessões também é difícil, uma vez que a carga de trabalho é esporádica/irregular, não há segurança de permanência, e a natureza ocasional do trabalho significa que este pessoal não se qualifica para férias por doença, férias anuais, ou outros direitos de que outros funcionários usufruem (Napthine, 2006). A falta de pertença ao serviço de saúde, e a impotência e isolamento associados que podem acompanhar esta situação, foram considerados como grandes inconvenientes para este papel (Brennan, 2011).

iii. Facilitadores destacados

O facilitador destacado é um técnico de laboratório médico empregado num estabelecimento de cuidados de saúde que é nomeado sob acordo entre uma universidade e um estabelecimento de cuidados de saúde para actuar como facilitador clínico durante a duração de uma determinada prática clínica (Melander, 2004). São geralmente considerados como técnicos experientes com valiosa capacidade de decisão clínica e de pensamento crítico, capazes de dar contribuições importantes e directas à educação clínica dos estudantes (Lambert & Glacken, 2005). O pessoal destacado é dispensado das suas responsabilidades normais de trabalho, de modo a assumir com facilidade o papel de facilitador clínico. De acordo com Reid (2009), alguns funcionários destacados são muito bons professores clínicos, outros carecem de preparação pedagógica, conhecimentos suficientes sobre o curso, e desenvolvimentos recentes na prática clínica.

iv Preceptores

Tal como os facilitadores da sessão e os facilitadores destacados, os preceptores são responsáveis por avaliar as necessidades dos alunos: Para o planeamento, ensino, supervisão e modelação de papéis; e fornecer feedback avaliativo (Morgan, 2005). O problema com este modelo é que os preceptores podem não ter as competências esperadas para o seu papel de ensino, particularmente na área da avaliação/avaliação (Infante, 2005). Os preceptores identificaram que a maioria das recompensas que ganham são intangíveis (Alspach, 2003). As recompensas tangíveis identificadas incluem: envolvimento activo no desenvolvimento curricular, participação na reunião da instituição, almoços, participação em workshops e oportunidades de ensino em seminários (Davis, 2009). Contudo, a questão relativa aos benefícios para os preceptores, se os únicos benefícios a serem obtidos forem de natureza intrínseca ou intangível, o envolvimento a longo prazo deste pessoal na educação clínica pode não ser sustentável.

2.6 Modelos de educação clínica no local de trabalho

Na Austrália, dois modelos têm sido comummente utilizados com o objectivo de educar os estudantes no local de trabalho ou no ambiente clínico: Modelos de supervisão e preceptoria (Grealish & Carroll, 1998 como citado por Robyn- Nash, 2009). Essencialmente o modelo de supervisão envolve um facilitador (empregado pela instituição) que trabalha directamente com um grupo de estudantes (geralmente numa proporção de 1:8) num estágio (Mckenna & Wellard, 2004). O modelo de preceptorização envolve geralmente um técnico de laboratório praticante que fornece no local supervisão/ensino clínico individual numa base 1:1 durante um período de tempo de ganância (Mckenna & Wellard...). Estes dois modelos (Supervisão e preceptorship) são obsoletos. Os estudantes que têm experimentado estes modelos no Hospital Kiwoko têm relatado sentir-se apoiados por um professor clínico dedicado, particularmente alguém que não é destacado pelo Hospital no qual os estudantes são colocados. Embora os modelos descritos acima ainda sejam utilizados, os resultados de um estudo de wellard et al. (2000) destacam o impulso à diversificação que ocorreu mais recentemente no ensino clínico da Austrália. Um exemplo de tal diversificação inclui o modelo da unidade dedicada (DEU) desenvolvido pela Finders University (Edgecombe et al. 1999; Gonda et al. 1999). As razões da diversificação incluem pressões económicas que afectam tanto os sectores da saúde como da educação, dificuldades em atrair e reter pessoal das sessões, dificuldades em ter técnicos de laboratório hospitalares libertados para prestar supervisão clínica, dificuldades associadas à confusão de papéis dos técnicos de laboratório destacados para a instituição numa base temporária e, devido à escassez de lugares clínicos, a necessidade de utilizar todas as opções disponíveis mesmo quando o facilitador: a ração dos estudantes pode ser superior a 1:8.

Por conseguinte, a aprendizagem no local de trabalho para aquisição de competências deve basear-se no modelo de educação clínica da DEU. O primeiro modelo DEU foi desenvolvido na Escola de Enfermagem da Universidade de Flinder da Austrália do Sul em 1997 (Edgecombe, et al. 1999). Foi desenvolvido com a intenção de criar o ambiente de aprendizagem mais favorável para os estudantes de enfermagem, ao mesmo tempo que melhora as relações de colaboração entre clínicos e académicos. Tem sido utilizado na Nova Zelândia em 2007 como modelo primário de experiência clínica de enfermagem (Edgecombe et al.2009). De acordo com Casey et al. (2008), estudantes e pessoal de enfermagem na Nova Zelândia que utilizaram o modelo DEU em contexto clínico relataram: colocações de qualidade, aumento das colocações clínicas, melhor alinhamento entre teoria e prática, níveis mais elevados de satisfação no trabalho, e relações de trabalho mais estreitas com o pessoal, melhor comunicação, e práticas de avaliação mais consistentes.

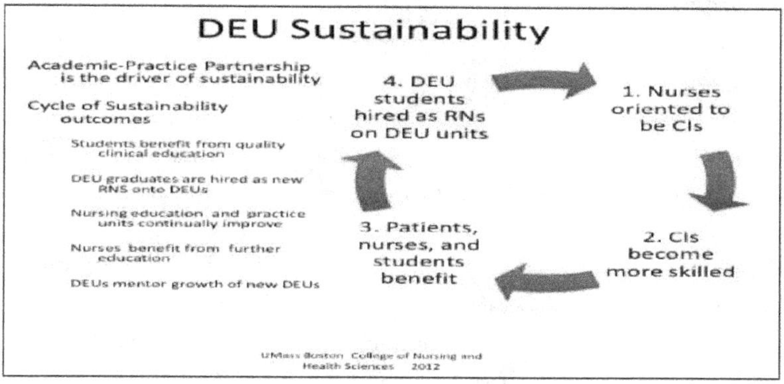

Fonte: umass Boston College of nursing and Health sciences 2012.

Interpretação do Modelo

O conceito de DEUs é um conceito bastante novo e uma forma igualmente nova de instrução clínica, pelo que a literatura e a investigação laboratorial relativa a este modelo é limitada. De acordo com Moscato et al (2007), uma unidade educacional dedicada é "uma unidade cliente que se desenvolve num ambiente óptimo de ensino/aprendizagem através dos esforços colaborativos do pessoal, gestão, e instituição.

A implementação de uma DEU como modelo educacional aumenta a continuidade na duração da prática clínica e amplas oportunidades de aprendizagem através da repetição e continuidade. Os estudantes da DEU são designados para trabalhar com 1-2 funcionários do laboratório durante o semestre. Ao pessoal de laboratório é atribuído o título de Instrutor Clínico (IC). Isto aumenta a continuidade dos estudantes e do pessoal de laboratório. Este emparelhamento consistente de estudantes com o CI permite também a aprendizagem dos estudantes a um maior nível pessoal e profissional, e os estudantes deixam de ter de reprovar as suas aptidões e competências todos os dias clínicos, em comparação com o modelo tradicional. Os estudantes conhecem as suas IC a um nível mais pessoal e têm a oportunidade de desenvolver competências clínicas a um nível muito mais elevado em resultado disso.

2.7 Resumo e conclusão

Ao abrigo desta revisão da Literatura, tenho documentado informações de diversos académicos que considerei relevantes para o assunto em estudo. Em resumo, a literatura sobre educador clínico em estágios de trabalho atribui apoio à aprendizagem dos estudantes em contexto clínico. Ser um profissional e professor em estágios tem o papel de criar um ambiente de aprendizagem positivo através de ser acessível, entusiasta dos estudantes, respeitoso dos estudantes, disponível quando necessário, comunica eficazmente e fornece um feedback construtivo sobre o desempenho dos estudantes. Não é surpreendente que, quando estas características estão ausentes, os estudantes reportem sentimentos de frustração e falta de satisfação com a sua experiência clínica (Morgan, 2009).

O laboratório médico é uma prática - baseada na disciplina e é necessário um nível mínimo de competência para o registo/licença para praticar como técnico de laboratório médico. A capacidade do técnico de laboratório médico registado para desempenhar eficazmente as suas funções clínicas depende em grande medida da preparação clínica que ocorre durante o curso de pré-registo. Tanto os estudantes como os facilitadores/supervisores concordam que a educação clínica é uma componente crítica dos cursos de laboratório de pré-registo (Marrow & Tatum, 1994). Contudo, vários factores têm impacto na qualidade da educação/colocação clínica e, por conseguinte, na aprendizagem dos alunos no contexto clínico. Três factores-chave impedem a qualidade da aquisição de competências: o ambiente de aprendizagem clínica, o modelo utilizado para a prestação de educação clínica e a qualidade da supervisão clínica recebida pelos estudantes.

CAPÍTULO 3

METODOLOGIA

3.1 Introdução

O tema da investigação foi gerado democraticamente. Começou por definir o processo de trabalho/etapas práticas pelas quais os estudantes de laboratório passam antes da graduação e trabalham no mundo do emprego. A identificação do tópico de investigação teve duas etapas: identificação das funções/tarefas, e competências necessárias na formação de técnico de laboratório médico. As discrepâncias no processo foram identificadas e anotadas nos gráficos de flap, como se viu no capítulo um. O Workshop Futuro foi utilizado para encontrar soluções para os desafios encontrados no desenvolvimento de competências a diferentes níveis de exposição dos estudantes à prática relacionada com o mundo do trabalho e as expectativas dos pacientes. Assim, este capítulo descreveu a concepção da investigação, conceito de investigação de acção, participantes no estudo, estratégia de amostragem, ferramenta e técnicas, controlo de qualidade, gestão de dados e consideração ética para o estudo.

3.2 Paradigma de investigação e desenho

3.2.1 Paradigma da investigação

Uma vez que o estudo tinha como objectivo melhorar o envolvimento dos estudantes na aprendizagem prática. O estudo empregou uma abordagem de investigação de acção participativa. Daniel Selener citado em (Reason & Bradbury,2001) descreveu a investigação participativa como um processo através do qual membros de um grupo ou comunidade oprimida identificam um problema, recolhem, analisam informações e actuam sobre o problema a fim de encontrar soluções e promover a transformação social e política. Com base na definição e explicação da investigação de acção acima referida, o investigador considerou a utilização da abordagem de acção participativa relevante e apropriada para este estudo. Isto estava também em consonância com a Kemmis & Taggart. (2000), que argumentaram, a investigação de acção participativa envolve as pessoas no exame das suas práticas sociais que as ligam a outras na interacção social. Concordo fortemente com eles (Kemmis & Taggart) porque a investigação da acção participativa explorou as práticas práticas de comunicação, produção e organização social e tentou explorar como melhorar as suas interacções, alterando os actos que as constituem. Isto foi para reduzir a medida em que os participantes experimentam estas interacções como irracionais, improdutivas, injustas, e insatisfatórias.

3.2.2 Conceitos fundamentais da investigação de acção

Como indicado acima, a investigação de acção aborda problemas do mundo real que ocorrem dentro de um contexto social complexo. De acordo com Fals Borda:

> '' A investigação-acção visa ajudar as pessoas a investigar a realidade a fim de a mudar, e a mudar a realidade a fim de a investigar - em particular, alterando as suas práticas através de uma espiral de ciclos de acção e reflexão crítica e autocrítica, como um processo deliberado concebido para as ajudar a aprender mais sobre as suas práticas, o seu conhecimento das suas práticas, as estruturas sociais em torno das suas práticas e os meios de comunicação social em que as suas práticas são expressas e realizadas. É um processo de "aprender fazendo e aprendendo com os outros, mudando as suas formas de interacção num mundo partilhado" (1979, 24).

Assim, a investigação de acção centrou-se em preocupações do mundo real - não em práticas abstractas, e envolveu a aprendizagem sobre o dia-a-dia, materiais, práticas concretas e particulares de determinadas pessoas em circunstâncias particulares (Kemmis e wilknson, 1998 como citado por Robyn Nash, 2007). A investigação teve lugar no local de trabalho e não foi feita qualquer tentativa de controlar o contexto da investigação em si. De facto, a investigação de acção visa explicitamente tanto a tomada de acção como a criação de conhecimento ou teoria sobre essa acção (Bradbury, 2001). Em contraste com paradigmas mais positivistas, a investigação-acção preocupa-se em fazer investigação com e para pessoas e não sobre pessoas (Reason, 1988).

Por conseguinte, o estudo actual foi estabelecido no mundo real da prática clínica para estudantes de laboratório médico. O impulso para o estudo surgiu de uma necessidade sentida... de iniciar uma mudança de pessoal clínico, académico, membros da comunidade (utilizadores finais) e pessoal hospitalar envolvido na gestão e na conduta diária dos estudantes. Isto foi promovido pelas questões que surgiram das preocupações de ambas as partes sobre a prática da educação clínica e, portanto, o objectivo de ambas as partes era melhorar a forma como a prática clínica estava a ser feita.

3.2.3 Características chave da investigação de acção

A metodologia de investigação de acção utilizada neste estudo foi largamente informada pelos escritos de Argyris et al. (1985) e Kemmis & Wilkinson (1998). De acordo com Argyris et al. os princípios centrais da investigação de acção incluem:

i. Mudança de experiências sobre problemas reais no sistema social,

ii. Ciclos iterativos de identificação de um problema, planeamento, actuação e avaliação,

iii. Mudando os padrões estabelecidos de pensamento e acção,

iv. Alterar o status quo a partir de uma perspectiva participativa, e

v. Contribuição simultânea para a ciência social e social na vida quotidiana Kemmis e Wilkinson (1998), nas suas opiniões sugeriram que a investigação de acção tem sete características-chave: iterativa, social por natureza, participativa, prática e colaborativa, emancipatória, crítica e recursiva, ou seja, reflexiva. Kemmis... argumenta novamente que estas características são pelo menos tão importantes como a espiral auto-reflexiva que, para muitos, constitui o que é a investigação-acção. O presente estudo tentou alcançar estas qualidades, com particular ênfase nas dimensões participativa, prática, colaborativa, e crítica. Isto foi feito através de pessoal académico e clínico, administradores hospitalares, e membros da comunidade que trabalham colectiva e individualmente.

Tal como foi denunciado anteriormente, a metodologia de investigação da acção consiste tipicamente numa série de compromissos para observar e identificar problemas nos estágios de trabalho e prossegue numa série de espiral, cada uma composta de planeamento, acção, observação e avaliação dos resultados da acção. Além disso, Lathlean(1994) argumentou que, porque a investigação de acção é específica do contexto e sempre sobre a tomada de acção e a avaliação do impacto dessa acção na prática, uma intervenção de mudança é central para o modelo. Assim, o estudo será levado a cabo em iterações sucessivas com cada iteração compreendendo um ciclo básico de investigação-acção de planificação - avaliação e reflexão, como mostra a figura (i).

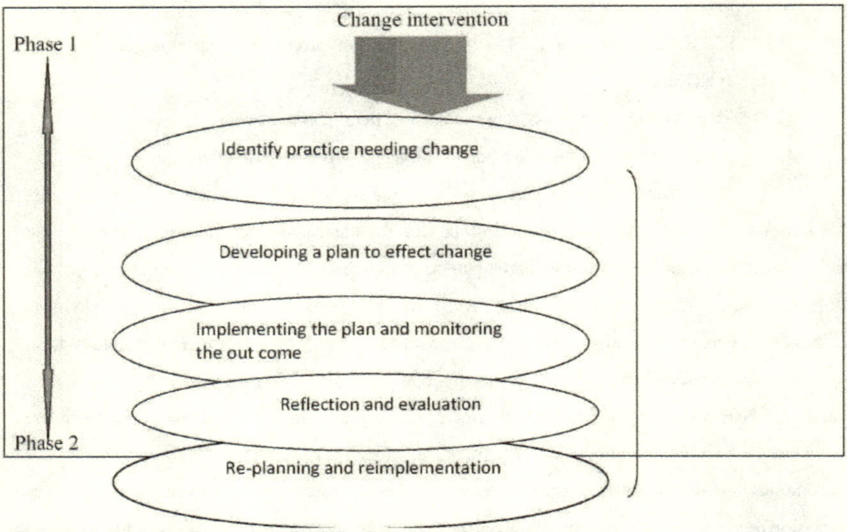

Figura (i). Desenho do estudo (adaptado de Pratt et al.2001)

Esta fase estava contida em anteriores relatórios que tinham sido relatados no capítulo um. Assim, o presente estudo foi construído a partir deste anterior ciclo sucessivo de um processo de acção. Como se mostra na figura (i), todos os ciclos foram feitos. A fase 1 ou ciclo um - tratava da avaliação da prática que necessitava de mudança, implementação e avaliação inicial de uma intervenção de mudança e a fase 2 - destinava-se ao aperfeiçoamento, reimplementação e reavaliação da qualidade do ambiente clínico para os estudantes de laboratório médico da escola de laboratório médico do Hospital Kiwoko. Este relatório de tese acomodou ambos os ciclos de investigação de acção.

3.2.4 Concepção da investigação

Um desenho de investigação foi um plano director desta investigação de acção que lançou luz sobre a forma como o estudo seria conduzido. Mostrou como todas as partes principais do estudo de investigação - as amostras ou grupos, medidas, tratamentos ou programas e.tc. Trabalhar em conjunto numa tentativa de abordar as questões da investigação. Um projecto de investigação utilizado foi como um esboço arquitectónico ou um conjunto de procedimentos de actualização que validavam os dados para um determinado problema de investigação. De acordo com Kumar (2005), o desenho de investigação foi definido como um plano de procedimentos que é adoptado pelo investigador para responder a perguntas de forma válida, objectiva, precisa e económica. Foi, portanto, um arranjo de condições para a recolha e análise de dados de uma forma que visa combinar a relevância para o propósito da investigação com o procedimento económico, tal como sugerido por Selltiz et al., 1962 citado em (Kyarizi, 2012). A concepção da investigação para este estudo foi um paradigma de investigação de acção porque o estudo visava compreender a situação social da escola de laboratório médico Kiwoko, com vista a melhorar a qualidade da aquisição de competências através da colocação de trabalho. Isto foi apoiado por Kurt Lewin, um psicólogo social, que considerou que a investigação necessária para a prática social deveria ser uma forma de "gestão social" levada a cabo por investigadores e profissionais que trabalham em conjunto para alcançar uma mudança social através da resolução conjunta de problemas (Warrican, 2006). Isto justificou a minha escolha da concepção da investigação, na medida em que os dados deste estudo assumiram basicamente a forma de descrições escritas das minhas experiências, reflexões e das dos interessados de forma democrática.

3.3 Área de estudo

O estudo foi realizado na escola de formação de laboratório médico Kiwoko. Estava localizado no distrito de Nakaseke, no centro do Uganda, 54miles a norte de Kampala e 14miles da cidade de Luweero. O centro tinha uma capacidade de 80 estudantes. A escola tem uma grande área de influência de Luweero Traingle (distritos de Nakaseke, Nakasongola, Luweero, .http://en.wikipedia.org/wiki/MubendeDistrictMityana e Wakiso). De acordo com os registos escolares, a escola tem três principais estabelecimentos hospitalares: Hospital Nakaseke, Hospital Kiwoko, Hospital Kiryondogo e um laboratório de demonstração de competências. Isto justificou a razão pela qual o investigador seleccionou a área para melhorar a aquisição de competências dos estudantes através de estágios de trabalho.

3.4 Participantes do estudo

Os principais participantes deste estudo foram 78 %(36) alunos do segundo ano de formação de certificados em técnicas de laboratório médico. A selecção deste grupo baseou-se no facto de eu conhecer o seu processo de aquisição de competências práticas. Os outros participantes incluídos no estudo foram 4 funcionários de laboratório do Hospital Kiwoko (KH) e 10,9%(5) administradores, 2,2%(1) pessoal de laboratório do Hospital Kinyandogo, 2,2%(1) pessoal do Hospital Nakaseke, e 4,3%(2) pessoal de laboratório do Centro de Saúde Kasana IV e 2,2%(1) líder comunitário. Estas opiniões de participantes adicionais foram úteis na análise da situação, tal como indicado no capítulo um. A sua informação foi mais interactiva e instrumental para o progresso desta proposta de investigação de acção.

3.5 Estratégia de Amostragem

Este estudo empregou uma amostragem heterogénea para seleccionar a população de amostras. A amostragem heterogénea é por vezes referida como amostragem de variação máxima. A amostragem heterogénea é, uma técnica de amostragem propositada[9] utilizada para captar uma vasta gama de perspectivas relacionadas com o que se está interessado em estudar (Palys 2008). A população descrita acima não é uniforme. Como tal, a população alvo foi considerada como heterogénea. Por conseguinte, a amostragem heterogénea propositada foi utilizada para obter uma maior compreensão de um fenómeno, analisando-o de todos os ângulos. Isto ajudou o investigador a identificar desafios comuns que eram evidentes entre os participantes.

3.6 Métodos e ferramentas para a recolha de dados no Estudo

Os métodos de investigação são vários procedimentos, esquemas e algoritmos utilizados na investigação. Todos os métodos (Técnicas e Ferramentas) utilizados por um investigador durante um estudo de investigação são designados como métodos de investigação (Kothari, 1985). As técnicas são formas práticas de recolha de dados e de análise da informação obtida no processo de investigação, enquanto as ferramentas são os instrumentos utilizados no processo (Mikkelsen, 2005). Ary et al. (2010), afirmam que enquanto a escolha do método na investigação depende do que ele/ela está a estudar ou do que pretende estudar. Kyaziri(2012) (como citado em Ary et al.,2010) argumentam que o que é mais crucial para decidir qual o método a utilizar é a questão da investigação, onde dizem que os métodos de investigação devem seguir as questões de investigação de uma forma que ofereça a melhor oportunidade de obter respostas úteis. Os métodos que foram utilizados para recolher dados incluíram: análise de documentos, entrevistas, observação, fotografia e áudio - Visual, discussão em grupo, processo de trabalho e workshop Futuro.

3.6.1 Análise de documentos

A análise de documentos era uma forma de investigação qualitativa em que os documentos eram interpretados pelo investigador para dar voz e significado em torno do tema a ser avaliado. Este método ajudou o investigador nas fases iniciais da investigação a estabelecer as raízes teóricas do estudo. A análise de documentos clarifica ideias e desenvolve metodologia e, em fases posteriores, ajuda o

---

[9] O principal objectivo da amostragem propositada é concentrar-se nas características particulares de uma população que sejam de interesse, o que lhe permitirá responder da melhor forma às suas questões de investigação

investigador a melhorar e consolidar conhecimentos baseados e a integrar os resultados com o corpo de conhecimentos existente (Kumar, 2000). O investigador utilizou este método para descobrir o que outros académicos reconheceram em relação ao tema de investigação, de modo a orientar a metodologia de investigação. Os documentos utilizados foram registos públicos (formulários práticos confidenciais dos estudantes, relatórios de anexos, políticas de avaliação, livros de registo dos estudantes, política de colocação de trabalho, MOU, relatórios dos estudantes, e programas práticos), documentos pessoais (livros práticos e revistas de reflexão) e provas físicas (manuais, materiais de formação, torrefactores de serviço e cartazes).

3.6.2 Entrevistas

Uma entrevista qualitativa procura compreender o mundo do ponto de vista do entrevistado, para desvendar o significado das suas experiências, para desvendar o seu mundo vivido explicações científicas prévias (Kvale & Brinkmann, 2009) (como citado em Kyarizi, 2012). A entrevista é, portanto, uma ferramenta de avaliação valiosa que permite aos participantes partilhar as suas experiências, atitudes e crenças nas suas próprias palavras. Com base no grau de estruturação, as entrevistas podem ser divididas em três categorias: Entrevistas estruturadas, entrevistas semi-estruturadas e não estruturadas (Fontana & Frey, 2005).

A entrevista não estruturada foi utilizada para recolher dados dos intervenientes (estudantes, pessoal do hospital, Tutores e OBS, OGS) sobre os desafios encontrados no impacto das competências nos aprendentes. Por conseguinte, o investigador seleccionado para utilizar entrevista não estruturada devido à sua natureza de flexibilidade dos participantes que permitiu que surgissem perguntas a partir do contexto imediato de apresentação. Minichiello et al. (1990) definiram-nas como entrevistas em que nem a pergunta nem as categorias de respostas são pré-determinadas. Em vez disso, baseiam-se na interacção social entre o investigador e o informador. Punch (1998) descreveu entrevistas não estruturadas como uma forma de compreender o comportamento complexo das pessoas sem impor qualquer categorização a priori, o que poderia limitar o campo de investigação. Embora as definições não sejam as mesmas e também haja mais consenso sobre as características básicas das entrevistas não estruturadas.

O formato das perguntas era de perguntas abertas e a conversa informal permitiu às partes interessadas fornecer os dados qualitativos necessários. Patton (2002) citado por (Kyarizi, 2014) descreve as perguntas abertas - terminadas como um tipo de entrevista em que a redacção exacta e a sequência de perguntas são determinadas com antecedência e são feitas a todos os entrevistados as mesmas perguntas básicas.

3.6.3 Observações

A observação é uma abordagem sistemática de recolha de dados em que um investigador utiliza todos os seus sentidos para examinar pessoas em ambientes naturais ou em situações naturais (Savage, 2000). Marshall & Rossman (1989) (como citado em Barbara, 2005) definiu a observação como "a descrição sistemática de eventos, comportamentos, e artefactos em ambientes sociais escolhidos para estudo". O observador participante tem de desenvolver a capacidade de aprender a linguagem das pessoas estudadas, aprender frases internas, recordar coisas que acontecem ou observadas no campo e escrever confortavelmente os dados observados. Neste estudo o investigador utilizou a observação participante para monitorizar a forma como os participantes responderam às diferentes questões emergentes da apresentação do processo de trabalho, a natureza e a taxa de interacções dos estudantes enquanto lidam com as competências de aprendizagem, a quantidade de aprendizagem activa enquanto operam nas suas discussões de grupo, a taxa da sua concentração nas competências de aprendizagem e o empenho nas suas actividades de aprendizagem. O meu principal objectivo para utilizar este método foi obter dados empíricos a partir da história das acções à medida que estas se desdobravam, conforme relatado no capítulo um.

3.6.4 Fotografia

A fotografia é a ciência, arte e prática de criar uma imagem duradoura através do registo da luz ou outra radiação electromagnética, quer electronicamente por meio de um sensor de imagem, quer quimicamente por meio de um material de luz como o filme fotográfico (Peterson, 2011). Utilizei fotografias neste estudo como forma de apresentar dados, não só porque as fotografias são interessantes mas também porque a tradução das fotografias para texto poderia dar uma imagem igualmente completa, viva e complexa. Isto é apoiado por Warren & Karner (2005) que argumentou que o objectivo da utilização de fotografias em entrevistas não é apenas encorajar o entrevistado a contar sobre a sua vida quotidiana, recordar acontecimentos passados ou desbloquear informação esquecida, mas também revelar aos participantes pontos de vista e valores escondidos. Por exemplo, o capítulo um mostra algumas fotografias tiradas durante a fase 1 da investigação de acção.

3.6.5 Ferramentas

As ferramentas utilizadas neste estudo incluíram computador, telefone inteligente com câmara fotográfica e gravador de voz e serviços de Internet. O investigador também utilizou livros e revistas na tentativa de construir a compreensão das diferentes abordagens que foram utilizadas no estudo para facilitar o envolvimento activo dos estudantes na aprendizagem prática.

3.6.6 Discussão de grupo e diálogo

Segundo Bolm (1996), um diálogo é definido como um fluxo de significado que flui entre nós e através de nós, o que tornará possível o fluxo de significado em todo o grupo a partir do qual emerge algum entendimento. Assim, é um fluxo livre de significados que equilibra a investigação e a advocacia na tentativa de se chegar a uma compreensão comum de um determinado fenómeno entre os membros do grupo. O diálogo ajudou o investigador a compreender as responsabilidades dos participantes, interesses, necessidades, disponibilidade para o processo de investigação e planos de melhoramento. Durante a discussão em grupo, o investigador permitiu democraticamente a igualdade de oportunidades a todos os participantes para contribuir, um após outro, utilizando a entrevista dos participantes. A discussão em grupo é definida como - uma forma de processo oral sistemático e propositado caracterizado pela troca formal e estruturada de pontos de vista sobre um tópico, questão, problema ou situação específica para desenvolver informação e compreensão essenciais para a tomada de decisões ou resolução de problemas (Wang et al., 2014). O papel do investigador era registar dados e manter a discussão em curso.

3.7 Procedimento de recolha de dados

O investigador desenvolveu um processo de trabalho para a aprendizagem de competências práticas na Escola do laboratório médico Kiwoko durante um período de duas semanas sob a orientação do mentor. Uma vez que o processo de trabalho estava pronto, o investigador pediu permissão ao coordenador dos mestres em pedagogia vocacional para prosseguir com o estudo. O coordenador emitiu uma carta introdutória ao director médico do Hospital Kiwoko e às instituições de formação. Uma vez concedida a permissão, o investigador prossegue para a KMLTS para reservar a data de apresentação e investigação de acção. E a data seleccionada foi 17 /11/2015, hora das 14h00 e o local foi o salão de recreação do Instituto de Formação Kiwoko. Os dados qualitativos foram recolhidos de quarenta e um (41) participantes de cinquenta populações-alvo durante a apresentação do processo de trabalho e futura oficina de trabalho, utilizando entrevistas, observação, fotografia e áudio - Discussão visual e de grupo. Os dados estavam a ser escritos em gráficos de flap por uma parte interessada que agiu como secretária do grupo/participante da discussão.

3.8 Controlo de qualidade

3.8.1 Validade

O prazo de validade indica o grau em que um instrumento mede a construção em investigação (Ritchie, 2003). Para que um instrumento de recolha de dados seja considerado válido, o conteúdo seleccionado e incluído deve ser relevante para a necessidade ou lacuna estabelecida (Lewis, 2003). Antes do estudo propriamente dito, a análise do processo de trabalho foi discutida com o mentor. O feedback do mentor e dos peritos ajudou-me a modificar o processo de trabalho para apresentação às partes interessadas do KMLTS. A validade foi também conseguida através de estratégias (processo de trabalho e futuro workshop) para investigar o problema de diferentes partes interessadas e reforçar a validade dos resultados. Todas as questões colocadas nas entrevistas foram directamente ligadas à finalidade e objectivos da investigação e cobriram todos os aspectos da produção de um licenciado competente pronto a trabalhar. Os dados foram também transcritos e analisados com um grau de exactidão muito elevado. Uma das transcrições foi validada e novamente verificada com o entrevistado para garantir a correcção e a exactidão dos dados. Finalmente, todas as fontes secundárias de dados utilizadas foram inicialmente avaliadas para determinar a validade das informações fornecidas.

3.8.2 Fiabilidade

A fiabilidade é conhecida como até que ponto os resultados da investigação podem ser replicados, se outro estudo for realizado utilizando os mesmos métodos de investigação (Ritchie & Lewis, 2003). Afirmaram que "a fiabilidade dos resultados depende da provável recorrência dos dados originais e da forma como são interpretados" (Ritchie & Lewis). Foram tomadas várias medidas para aumentar a fiabilidade da investigação em curso, incluindo: todas as entrevistas foram gravadas para apresentar provas mais fiáveis e evitar qualquer preconceito que pudesse acontecer se o investigador tentasse lembrar-se da conversa. Gray (2004) afirmou que "em termos de fiabilidade, é bastante óbvio que as conversas gravadas tenderão a apresentar provas mais fiáveis do que as notas de campo escritas apressadamente". Além disso, todas as perguntas foram formuladas com clareza e colocadas num tom natural de voz. Se houvesse algum mal-entendido, a pergunta seria repetida de modo a permitir ao entrevistado compreender o que lhe foi pedido. Além disso, foi dada a todos os entrevistados a oportunidade de explicar livremente as suas próprias crenças e pensamentos sem qualquer intervenção, quer com comentários ou gestos, o que criaria um enviesamento na resposta do entrevistado à pergunta que estava a ser feita. O estudo fornece informação detalhada sobre a finalidade e objectivos da investigação, como o estudo foi realizado e as justificações da estratégia e métodos de investigação adoptados.

3.10 Considerações éticas

Foram entregues cartas de introdução do coordenador do programa do MVP ao investigador do Hospital Kiwoko para permitir que a investigação conduzisse o seu estudo de investigação. Durante o estudo, o investigador prometeu aos participantes que a sua confidencialidade e privacidade seriam observadas, uma vez que a investigação envolve principalmente a participação activa e a geração de soluções para os desafios existentes. O investigador tornou as suas intenções e acções explícitas através de diálogos com os interessados (estudantes, pessoal do hospital, membros da comunidade). Ele (investigador) observou os valores democráticos ao longo de todo o processo. O que foi apoiado por Winter(1996) (como citado em Denscombe, 2007), onde ele assinala que ao tratar da investigação de acção, o trabalho deve permanecer visível e aberto a sugestões, a permissão deve ser obtida antes de fazer observações e que o investigador deve aceitar a responsabilidade de manter a confidencialidade.

CAPÍTULO 4

IMPLEMENTAÇÃO E AVALIAÇÃO DOS PONTOS DE ACÇÃO

4.0 Introdução

Este estudo visava reforçar o envolvimento dos estudantes na participação activa para aprenderem competências práticas através de estágios de trabalho. Uma participação activa estava a ser efectivamente empregada e sustentada como método de ensino de competências aos estagiários de laboratório médico no KMLTS. Os participantes neste estudo, tal como indicado no capítulo um, incluíam; Tutores de tecnologia médica, ex-alunos, membros da comunidade, e administradores escolares. Assim, a informação aqui apresentada está basicamente relacionada com a implementação da participação activa como uma nova abordagem adoptada pelas partes interessadas para permitir aos alunos a aquisição de competências práticas.

A descrição e interpretação dos dados baseia-se no ciclo de investigação da acção, que é um trabalho de enquadramento para diagnosticar, implementar e avaliar um processo de mudança (Weihrick, 2009). Os dados incluem resultados de observações dos investigadores, respostas dos estudantes e reflexões sobre a implementação de pontos de acção, e também incorporando pontos de vista de outros intervenientes com os quais os investigadores interagiram durante a avaliação dos pontos de acção. A apresentação dos resultados desta investigação seguiu consecutivamente os objectivos deste estudo, reflectidos no capítulo um do presente relatório.

4.1 Medidas de intervenção para permitir aos estudantes reterem competências práticas

Para atingir este objectivo, o investigador em conjunto com as partes interessadas, adoptou as seguintes intervenções: Demonstrar aptidões práticas aos estudantes, permitir que os estudantes tenham um estudo auto-prático, obter um novo local de prática, olhar para o conteúdo prático por semestre, atribuir tempo para a prática a partir de teorias, estudantes a interpretar resultados de laboratórios médicos, estudantes a serem colocados no departamento de HIV para aconselhamento, estudantes a serem colocados em registos para gestão de registos e farmácia para gestão de stocks e concepção de postos de sinalização para representação de competências. A descrição de como estas soluções implementáveis foram implementadas é claramente indicada abaixo. Contudo, algumas intervenções tinham sido espelhadas noutras intervenções.

4.2 **Implementação de** intervenções para apoiar o desenvolvimento de competências

4.2.1 Demonstração de práticas para os alunos

A demonstração de competências práticas por todos os tutores aos alunos foi considerada pelos interessados como um meio de capacitar os alunos a fazer demonstrações de retorno e a adquirir competências diferentes dos seus peritos/técnicos seniores experientes. Esta abordagem à participação activa para aprender competências práticas permitiu aos estudantes adquirir experiências práticas e partilhar conceitos à medida que emergem do demonstrador. Em seguida, o demonstrador segue o que os estudantes aprenderam numa dada sessão de procedimento operacional padrão particular. Os estudantes desenvolvem geralmente a auto-estima e a responsabilidade pela sua própria aprendizagem. Isto, por sua vez, ajuda os estudantes a minimizar a aprendizagem de rotina e impede-os de se tornarem espectadores da sua própria aprendizagem.

Planeamento

Durante a futura reunião de trabalho que teve lugar a 20th de Fevereiro de 2016, a equipa de intervenientes e investigador recomendou ao professor de desenvolvimento de competências que elaborasse um quadro temporal mostrando o tempo para demonstrações de competências. Os alunos foram divididos em dois grupos, cada grupo com treze membros. Os alunos apreciaram a utilização do agrupamento onde disseram que ajuda os alunos a conhecerem-se melhor uns aos outros e a aprenderem uns com os outros. No dia 17th de Junho de 2016 foi feito o horário, todos os tutores e alunos receberam cópias aprovadas pelo director do KMLTS (apêndice ii). Acrescentar a voz dos investigadores aos seus "interessados" O ensino em pequenos grupos é muito significativo na educação porque proporciona a oportunidade de partilhar e testar ideias com colegas estudantes e examina diferentes perspectivas sobre questões de aprendizagem. Os interessados também concordaram em reservar tempo para a reflexão, e discussão dos processos de grupo com os alunos para uma contribuição eficaz e desenvolvimento da demonstração. Uma vez mais, em conjunto com os interessados, os estudantes foram autorizados a decidir com o tutor sobre o que estudar sempre que houvesse uma demonstração.

Implementação

Durante discussões de grupo e demonstrações sobre procedimentos específicos, foi apresentada uma tarefa por um "tutor" demonstrador e os estudantes foram autorizados a discutir e levantar uma série de ideias. O tutor incentivava-os a explicar sempre os seus pontos e ideias para que os restantes membros do grupo pudessem compreender o contexto sob o qual uma ideia foi levantada. Este tipo de explicação dada por um determinado estudante activaria a mente de outros estudantes para pensar sobre a qual acreditávamos ter ajudado a fazer posteriormente uma explicação detalhada do procedimento operacional padrão.

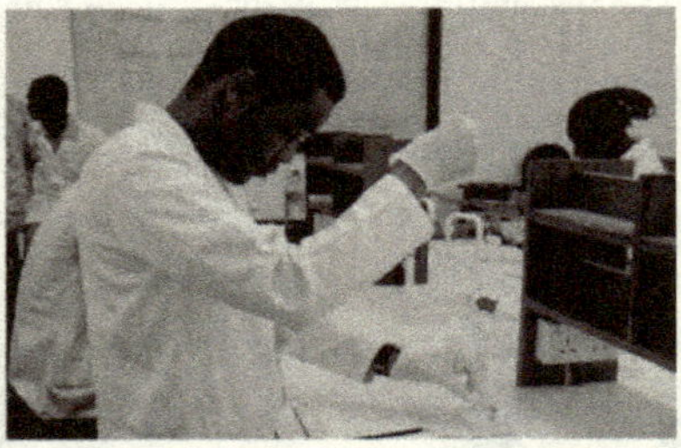

Um Tutor que demonstre competências práticas individual de cada aluno fazendo demonstração de retorno Monitorização

Idealmente, a aprendizagem em laboratório médico baseava-se em provas/mãos sobre. Durante a demonstração, a duração dos registos dos manifestantes e a lição prática do que tinha sido ensinado (apêndice iii). Os aprendentes eram autorizados a observar o que estava a decorrer. Após a observação, os estudantes foram autorizados a fazer demonstrações de regresso individualmente. Mais tarde, o tutor foi autorizado a dar um breve feedback aos alunos. O tutor foi mandatado a passar tempo suficiente na sala prática para permitir aos estudantes fazer demonstrações válidas e fiáveis seguindo o procedimento de funcionamento padrão. Isto foi visto como um sinal de dar uma oportunidade de discutir quaisquer questões decorrentes da demonstração. O objectivo era informar os alunos sobre o que correu bem, o que foi menos bem sucedido e o que poderia ser feito de forma mais eficaz.

Avaliando

Antes da investigação de acção, nenhum tutor demonstrava competências práticas - os alunos obtinham competências através da ligação a um hospital e do enchimento de produtos operacionais padrão (SOPS). Um SOP é um conjunto de instruções passo a passo compilado por uma organização para ajudar os trabalhadores a realizar operações de rotina. Os SOP visam alcançar eficiência, resultados de qualidade e uniformidade de desempenho, ao mesmo tempo que reduzem os erros de comunicação e o não cumprimento dos regulamentos hospitalares. Com a nossa investigação activa eficaz, os estudantes estão a aprender em grupos de treze para adquirirem competências práticas. Numa das demonstrações, um aluno do segundo ano disse e eu cito;

> *A "participação activa na aprendizagem de competências práticas fez-nos reduzir a dependência excessiva do pensamento dos nossos tutores e, continuamos ocupados a tentar*

interpretar relatórios clínicos de laboratório para a nossa própria aprendizagem, o que nos fará passar entrevistas de emprego".

As semanas de demonstração prática são a preto e branco mas alternando com a teoria das duas semanas por mês (apêndice iii).

4.2.2 Promoção do estudo prático auto-dirigido

Neste estudo "estudo prático auto-dirigido" foi entendido pelos interessados e investigador como uma aprendizagem em que os alunos são guiados pelos conteúdos curriculares, apoiados por tutores e ambiente de aprendizagem em que os alunos desempenham um papel activo na sua experiência prática - quer por si próprios, quer em colaboração com os colegas. Contudo, durante futuras reuniões de trabalho, conforme descrito no capítulo um, os interessados sugeriram a manutenção de padrões essenciais das condições prévias acima mencionadas para a prática eficaz do estudo prático auto-dirigido.

Planeamento:

Na instituição em estudo 'KMLTS' existem dois bons centros de recursos práticos que são laboratório de demonstração de competências e laboratório de ensino hospitalar para apoiar o auto - estudo prático dirigido. O plano para tais centros era permitir que os estudantes fizessem as suas práticas práticas de forma independente, excepto os centros de laboratório hospitalar onde a prática era por anexo ou rotação de tarefas. As partes interessadas, juntamente com um investigador na reunião do futuro workshop, disseram:

> *"'os alunos só podem atingir o seu potencial máximo quando têm a flexibilidade de estudar de acordo com as suas próprias necessidades, interesses, e que os cenários de aprendizagem em sala de aula são apenas uma pequena parte do processo global de aprendizagem de técnicas de laboratório médico".*

O pessoal que ensina técnicas de laboratório médico e outros intervenientes concordaram em envolver os alunos no seu próprio estudo prático auto-dirigido, independentemente do trabalho da sua turma, tal como estabelecido pelos seus professores. Na hora prática auto-dirigida, os interessados concordaram em reflectir sobre as tabelas de horários de ensino (apêndice ii)

Um tutor comprometeu-se a isso:

> *"tais bons estilos de aprendizagem prática das técnicas de laboratório médico, os alunos desenvolvem regularmente estratégias muito úteis que os ajudam a fazer progressos consideráveis nas suas competências; contudo, para cada estudo prático independente, há*

muitos alunos que, independentemente do seu trabalho árduo, lutam para fazer progressos significativos devido à falta de confiança nas suas estratégias de estudo".

Em tal situação os interessados e o investigador concordaram que os tutores poderiam ajudar os seus estudantes e desenvolver as competências necessárias.

Implementação:

Um laboratório de demonstração de competências de tripulações de um participante 'Tutor' desenhou um quadro temporal indicando horas de estudo prático autodirigido para os alunos (apêndice ii). Mais tarde, foi apresentado a todos os tutores, sem qualquer objecção. O horário foi posteriormente entregue aos coordenadores da sala de aula, outros expostos na sala do pessoal e nas salas de aula para outra acessibilidade. Os alunos foram autorizados a trabalhar em grupos organizados pela direcção da escola e pelo seu presidente da associação de alunos, cada grupo tinha treze alunos e líderes (presidente e secretário; todos seleccionados por colegas estudantes). O objectivo dos líderes de grupo era identificar competências para estudar e requisitar materiais para utilização. Em algumas situações, os estudantes eram

Grupo de alunos com quem partilha competências práticas no laboratório escolar.

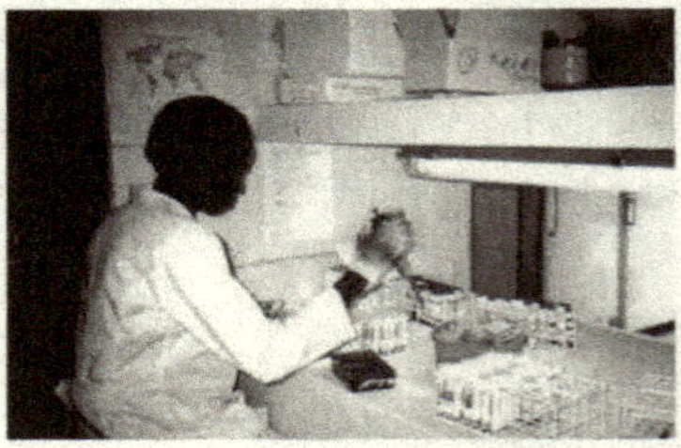

Estudante a estudar de forma prática e independente

Durante um mês, durante um estudo externo de auto-prática hospitalar, os alunos escreveram um relatório do que foi coberto e avaliado pelos supervisores do local. O relatório prático foi posteriormente defendido na escola na presença de tutores e colegas estudantes no final da sua ligação, que está agora a ter lugar em cada 20th de Agosto do ano académico. Foram mantidos vários registos para confirmar o estudo prático auto-dirigido que incluem; supervisores (apêndice v) e relatórios dos estudantes (ver os comentários extraídos abaixo).

Monitorização:

O investigador e as partes interessadas estabeleceram a auto-consciencialização do aprendente e o seu conhecimento da tecnologia do laboratório médico. Desenvolveram uma ideia de manter registos detalhados da aprendizagem durante a internamento hospitalar, tal como mencionado acima. Richards e Lockhart (1996) sugerem várias formas de monitorizar e reflectir sobre o desempenho do estudante. Alguns destes métodos incluem observações e gravações de tarefas. Foi utilizada a frequência dos estudantes durante o estudo prático auto-dirigido no laboratório de demonstração de competências escolares. Os alunos que não conseguiram registar o seu trabalho e se inscreveram em foram instruídos para reescrever um relatório e repetir o estudo prático auto-dirigido. No final do anexo, o supervisor do local assinou um formulário confidencial para cada aluno e quando a nota de aprovação é

Registo de presenças dos estudantes

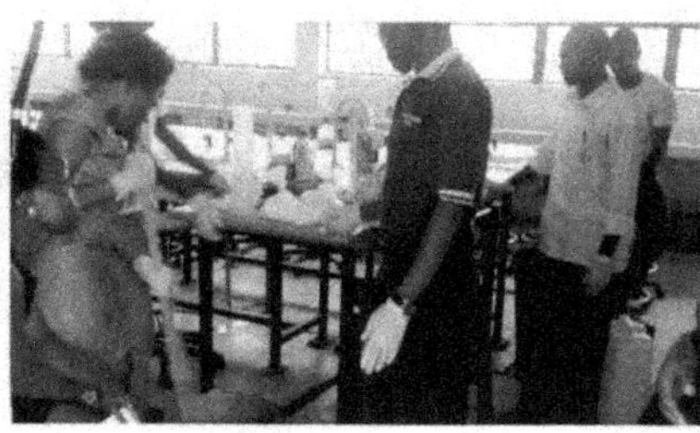

Estudantes a preparar sabão líquido

Avaliando

Este não é o processo final, uma vez que conduziu a um maior planeamento com as partes interessadas. Antes da investigação de acção não havia relatórios, não havia grupos formais de estudantes, o anexo era de centros de saúde cuja duração era de duas semanas, não havia relatório e apresentação oral de relatório externo de anexo hospitalar, não havia relatórios internos de anexo hospitalar nocturno e nocturno, e todas as práticas com laboratório de demonstração de competências na escola eram feitas na presença de um tutor. O processo de avaliação teve lugar depois de os alunos terem completado o estudo autodirigido externo durante um período de um mês (1st - 30th Julho 2016), enquanto que a penhora interna era contínua. Os alunos escreveram relatórios e prepararam-se para uma apresentação oral que teve lugar a 29th /08/2016. Durante a apresentação oral, a avaliação baseou-se na comparação, na qual os alunos compararam o seu nível de competência original antes e depois do estudo prático auto-dirigido. Actualmente os estudantes estão a aprender em grupos, têm apresentação oral de relatórios de laboratório hospitalares nocturnos e nocturnos em grupos todos os dias das 9.00 às 11.00 horas, e as capacidades de comunicação e compreensão da tecnologia laboratorial médica dos estudantes melhoraram muito.

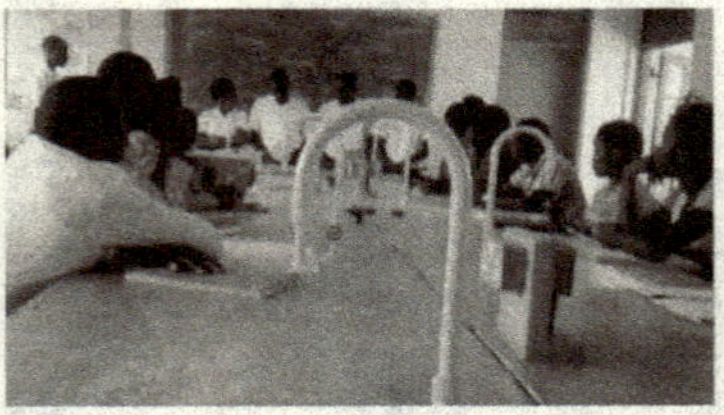

Alunos que apresentam relatórios de hospitais externos

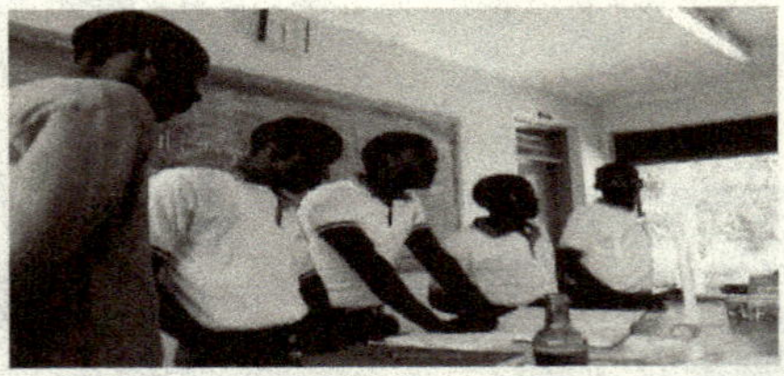

Estudantes apresentando relatório nocturno e nocturno Hosp.report

Abaixo estão comentários da apresentação oral do aprendiz;

"Gostei muito dos meus estudos no distrito hospitalar de Kiryandogo e agora tenho uma experiência e competências muito valiosas para o mundo do trabalho. Sei que isto vai ajudar na procura de emprego e na necessidade de referências. Temia-o, no início, mas agora estou tão contente por ter sido bom. Por muito que o currículo mude da teoria para a formação baseada em competências, espero que as mãos na formação permaneçam constantes".

'' Penso que este apego é uma grande oportunidade para os estudantes se prepararem para o mundo real e crescerem. Penso que se esta pergunta fosse respondida antes do meu apego, eu perguntaria: porque é que temos de fazer apego, não será o laboratório de ensino hospitalar suficiente? Mas agora sei, os laboratórios hospitalares Kiwoko não são suficientes, tenho experiência em primeira mão no " mundo real".

O Professor comentou isso:

"Estudo prático auto-dirigido é tão bom, mas alguns professores sentiram que não têm tempo de aula dedicados a ajudar os alunos a organizar os seus estudos ou falta-lhes confiança na sua capacidade de o fazer. Contudo, sugeriu que tais professores podem incorporar "uma breve discussão em que os estudantes possam reflectir e partilhar as suas ideias e experiências de aprendizagem".

Comentários extraídos de relatórios de estudantes:

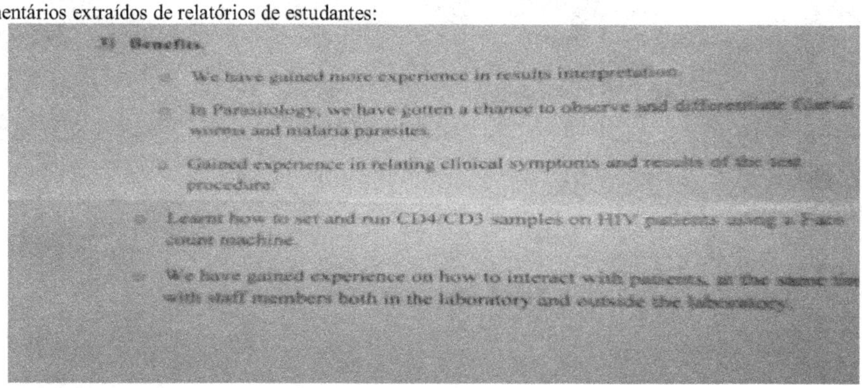

3) Benefits

- We have gained more experience in results interpretation
- In Parasitology, we have gotten a chance to observe and differentiate [illegible] worms and malaria parasites.
- Gained experience in relating clinical symptoms and results of the test procedure.
- Learnt how to set and run CD4/CD3 samples on HIV patients using a Facs count machine.
- We have gained experience on how to interact with patients, at the same [illegible] with staff members both in the laboratory and outside the laboratory.

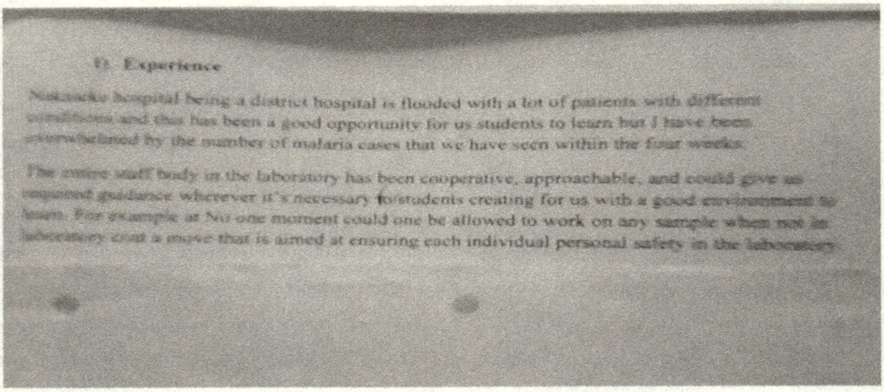

D. Experience

Nakaseke hospital being a district hospital is flooded with a lot of patients with different conditions and this has been a good opportunity for us students to learn but I have been overwhelmed by the number of malaria cases that we have seen within the four weeks.

The entire staff body in the laboratory has been cooperative, approachable, and could give us required guidance wherever it's necessary to students creating for us with a good environment to learn. For example at No one moment could one be allowed to work on any sample when not in laboratory coat a move that is aimed at ensuring each individual personal safety in the laboratory.

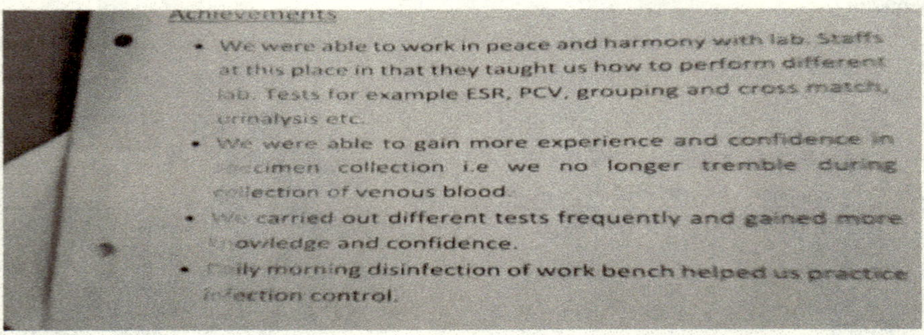

Achievements

- We were able to work in peace and harmony with lab. Staffs at this place in that they taught us how to perform different lab. Tests for example ESR, PCV, grouping and cross match, urinalysis etc.
- We were able to gain more experience and confidence in specimen collection i.e we no longer tremble during collection of venous blood.
- We carried out different tests frequently and gained more knowledge and confidence.
- Daily morning disinfection of work bench helped us practice infection control.

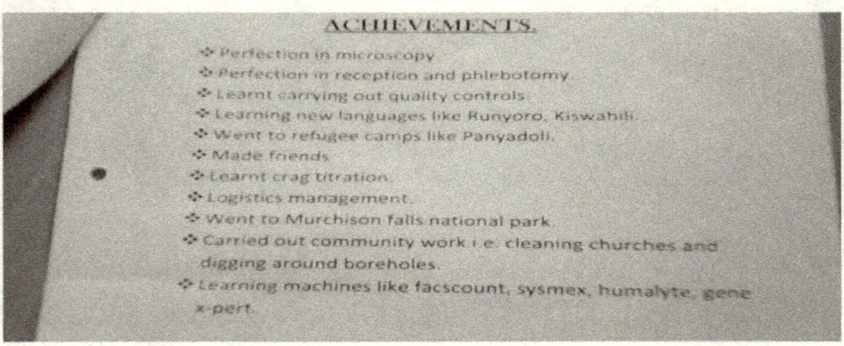

ACHIEVEMENTS.

- Perfection in microscopy.
- Perfection in reception and phlebotomy.
- Learnt carrying out quality controls.
- Learning new languages like Runyoro, Kiswahili.
- Went to refugee camps like Panyadoli.
- Made friends.
- Learnt crag titration.
- Logistics management.
- Went to Murchison falls national park.
- Carried out community work i.e. cleaning churches and digging around boreholes.
- Learning machines like facscount, sysmex, humalyte, gene x-pert.

4.2.3 Assinatura de memorando de entendimento com o hospital parceiro rural para a prática

O anexo prático dos estudantes de tecnologia médica foi exigido para os expor ao ambiente do laboratório clínico e hospital ou laboratório independente. Desta forma, o aluno pratica as competências aprendidas na sala de aula e ganha experiência na utilização de equipamento, procedimentos e práticas de laboratório. Enquanto no laboratório clínico, o trabalho do aluno deve ser sempre supervisionado pelo supervisor do local ou pelo tecnólogo especializado na realização de um teste que está a ser feito.

Planeamento:

A identificação e selecção de um novo sítio para fixação prática não foi um processo directo nem um plano de um dia. Os interessados concordaram que deveria haver outro local de prática devido ao aumento do número de estudantes. Os "interessados", juntamente com o investigador, sentaram-se e concordaram em acrescentar o Hospital Distrital de Kiboga como o seu novo sítio para anexação a 17th /Julho de 2016. Foi impresso um projecto de memorando de entendimento em conjugação com o hospital parceiro.

Implementação:

O Tutor Principal foi uma responsabilidade assinada de consulta do Memorando de Entendimento com o hospital parceiro. O objectivo do Memorando de Entendimento era acordar os termos e as condições para a sua vinculação prática. Em 15th /08/2016, o director recebeu tarifas de transporte e de consulta para o Hospital de Kiboga. O superintendente médico, o director médico e o director administrativo principal, juntamente com o investigador, não foram autorizados a realizar uma reunião uniformista, o MOU foi atribuído. Por conseguinte, em 20th /Agosto 2017 os estudantes utilizarão este sítio para o seu anexo de um mês. O MOU assinado foi apresentado às partes interessadas, ou seja, director médico, gestor de recursos humanos, gestor financeiro e pessoal escolar.

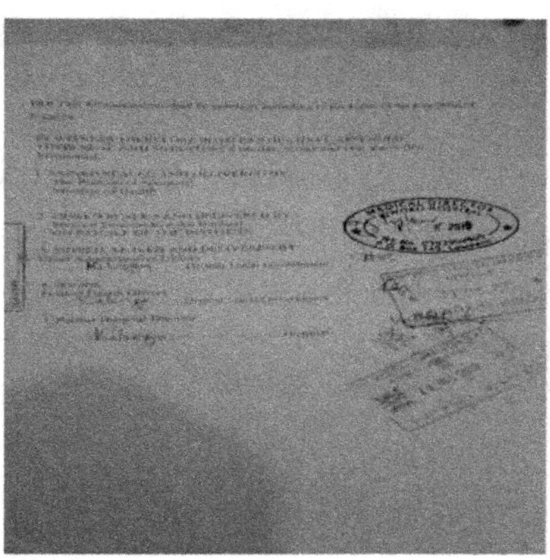

Avaliando

Antes do Hospital de Kibago, o KMLTS tinha dois locais de internamento hospitalar que ficariam demasiado congestionados. Durante a reunião de pessoal - estudantes, que teve lugar a 23/9/2016, os membros apoiaram e acolheram o laboratório do Hospital de Kiboga como o seu terceiro local de anexo prático. O acordo do MOU foi mantido nos ficheiros da escola. O novo site identificado e o MOU assinado; o objectivo é descongestionar os estudantes dos anexos anteriores, melhorando assim as competências e o espaço dos estudantes. O laboratório hospitalar está bem equipado e com quatro tecnólogos de laboratório médico para formar os nossos estudantes. O Laboratório 'Kiboga' recebe aproximadamente 150-200 pacientes para diferentes doenças.

4.2.4 Competências práticas de gazeta para cada semestre

Planeamento:

Os titulares de estacas sentaram-se em 27th /06/2016 para identificar competências semestrais para cada classe. As competências foram extraídas de livros de registo que foram comprados pela escola à junta de exames de saúde aliada do Uganda no dia 14th de Abril de 2016. Foi acordado que as competências práticas (apêndice iii) seriam dadas a todos os alunos, tutores e outros afixadas no laboratório do Hospital e na sala de aula para outra implementação. A organização das competências práticas foi para permitir que os alunos se mantivessem concentrados enquanto se encontravam no hospital. Havia a necessidade de os estudantes começarem a ser internados no departamento de aconselhamento, farmácia e registos de HIV.

Implementação:

A cada aprendente antes de ser internado no hospital foram dados objectivos de aprendizagem práticos correspondentes às competências do semestre, tal como consagrado na ficha de competências Gazeta (anexo vii), juntamente com o livro de registo prático. Cada procedimento realizado muito antes de ter sido designado um supervisor do local ou técnicos superiores de laboratório. Ao longo de todo o período de vínculo, os estudantes guardaram estes diários de bordo para comentários do supervisor como pré-requisito para se sentarem na prática nacional. Para áreas restritas como farmácia, VIH e registos, foi redigida uma carta de pedido de anexos para os estudantes, que foi recomendada pelo director médico adjunto (apêndice viii).

Monitorização:

O diálogo com os estudantes durante a prática e o feedback sobre o trabalho dos estudantes foi utilizado como uma abordagem para assegurar a aprendizagem através de estágios de trabalho. Durante a supervisão, os estudantes foram verificados sobre o que tinha sido feito, não feito e porque não o foram. O debate com eles posteriormente revelou que não sabiam o que fazer porque os quadros superiores não lhes permitem realizar procedimentos sofisticados sem pessoal experiente. Pediram para realizar alguns procedimentos no laboratório de demonstração da escola, que teve lugar a 25th /Setembro de 2016. Uma vez que a intenção da investigação de acção era capacitar os alunos para acompanharem as suas práticas em todo o seu processo de aprendizagem, o supervisor disse-lhes para fazerem o que consideravam ser vital para eles. Os aprendentes mantiveram registos de anexos, mais especialmente no aconselhamento, inventário e gestão de registos devido à sua restritividade.

Avaliar:

Antes de Gazetting competences os estudantes costumavam misturar competências, não podiam saber com que competência aprender primeiro e terminar. Durante a fixação prática são-lhes dados objectivos de aprendizagem práticos que não semestrais e que os tornam incapazes de sincronizar as competências. Em algumas situações, os alunos ficam impedidos de adquirir aconselhamento sobre VIH, inventário e competências de gestão de armazéns devido ao facto de não estarem reflectidas no livro de registo de competências práticas nacionais. Mas durante as competências de observação, todas as competências restritas do departamento VIH para aconselhamento pré e pós-consulta, registos para gestão de lojas e farmácia para competências de gestão de inventários foram atendidas. Actualmente, o livro de registo prático está a ser assinado sempre que uma competência é bem feita. Os estudantes adquiriram competências em todas as áreas de experiência da vida real, agora prestam aconselhamento pré e pós aconselhamento a doentes com VIH, cartões de inventário de equilíbrio e gestão de inventários. A ligação dos alunos ao VIH, farmácia e registos foi sempre reservada para ter lugar no último semestre da sua formação por um período de um mês, uma vez que os alunos reclamaram que dois é um período curto para a aquisição de competências. O olhar de competências deu aos estudantes para pensarem antes do tempo. Um dos alunos do segundo ano da turma observou no seu relatório que a competência prática provisória ajudou a reduzir a tendência do que ele chamou "redundância no laboratório" pelos alunos que não são criativos e anormativos. Abaixo estão as realizações e comentários extraídos dos seus relatórios;

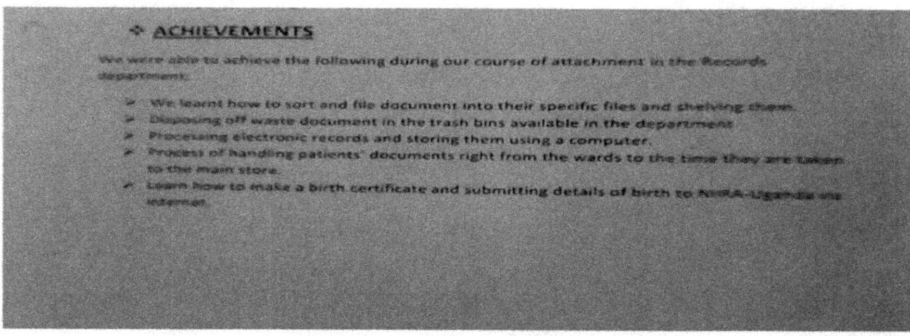

❖ ACHIEVEMENTS

We were able to achieve the following during our course of attachment in the Records department.

- We learnt how to sort and file document into their specific files and shelving them.
- Disposing off waste document in the trash bins available in the department.
- Processing electronic records and storing them using a computer.
- Process of handling patients' documents right from the wards to the time they are taken to the main store.
- Learn how to make a birth certificate and submitting details of birth to NIRA-Uganda via internet.

ACHIEVEMENTS

1. We have achieved how to do physical counting of pharmaceutical items.
2. We got experience in balancing stock cards.
3. We learnt new drugs like tramadol and morphin.
4. We learnt the process of issuing item to wards.
5. Now we can enter records in computer.
6. We were taught FIFOFEFO.

CONCLUSION

We really so blessed for the skills, confidence and competency that we have acquired in the entire due course.

We made the following achievements in the pharmacy department:

- We learnt the process of receiving items from the Pharmacy suppliers.
- The procedure used in issuing out items like drugs and sundries items.
- How to fill the items on the stock cards.
- How to a make assessment of stock and making order for new stock.
- Arranging different item in their respective shelves.
- Entering stock records in the computer and making Sales Receipts.
- Verifying electronic records of the pharmacy.

❖ **RECOMMENDATION**

We commend the school for having realized training need among the student and coming up with a possible solution to help us. It has been so useful and we hope to get the very best from it latter with time as we go out to start working. However we recommend that the next time the school administration should start such a program early enough to allow them enough time of attachment so that they may learn much.

❖ **CONCLUSION**

In a conclusion we wish to thank the facilitators of this program for having thought it worthy for us to have such training. We feel we have been imparted with the knowledge and competencies that will help us to face our daily work that we shall encounter in the field. Save for the factor of time that did not support us to have all that we intended to learn.

Mrs. [illegible]
Incharge Records Department

Mr. Kyaterekera Richard
24/6/16
Incharge pharmacy Dep

Watenga Daniel
Group leader

4.2.5 Separar o horário para a prática das teorias

Era necessário que os intervenientes reconhecessem a importância de separar o tempo prático das lições teóricas. Na escola laboratorial Kiwoko cerca de 80% do tempo do dia era gasto em teorias, este serviço ao desenvolvimento de competências. Em certa medida, a escolha do ensino da actividade na escola ou no laboratório é prescrita pelos resultados de aprendizagem detalhados no currículo. No entanto, quanto mais os alunos se mantiverem presos às tradições actuais do trabalho prático elementar com a sua tendência para falar e anotar os procedimentos práticos sem mãos, se não for feita qualquer intervenção, tanto mais é provável que continue. Daí a importância primordial de separar o tempo para a competência das teorias.

Planeamento:

De acordo com o currículo da tecnologia laboratorial médica, foi especificado que os alunos precisam de se familiarizar com os vários equipamentos laboratoriais médicos e diferentes técnicas em Bioquímica, Microbiologia, Imunologia, Métodos laboratoriais e Cálculos, Patologia, Transfusão de sangue, Hematologia, e Serologia. Quando nos reunimos para a primeira reunião a 25th de Abril de 2016, atribuímos o dever de elaborar um quadro de tempo de ensino indicando a separação das teorias de prático para tutor de desenvolvimento de competências (apêndice iii). A escola deve ter um composto que fale de competências, isto pode ser feito erguendo um poste de sinalização com palavras inspiradoras escritas para lembrar os alunos sobre o que é necessário desde o graduado em tecnologia de laboratório médico.

Implementação:

Em 29th de Julho foi apresentada uma cópia da forma prática separada das teorias que mostrava que as teorias só demorariam 2 semanas de cada mês. No dia 9th de Setembro de 2016, reunimo-nos para rever e harmonizar os progressos com tutores e estudantes. As duas semanas de prática envolvem estritamente o internamento hospitalar, estudo prático auto-dirigido, supervisão e demonstração prática por tutores. Uma vez que os tutores da escola nem sempre estiveram presentes, no início de cada semestre foi pedido ao pessoal do laboratório de ensino do hospital que assistisse e guiasse sempre os alunos à medida que estes praticavam a **Monitorização:**

Após cada prática, o supervisor encontrou-se com os alunos na aula prática seguinte e foi pedido a cada aluno que partilhasse a sua experiência e desafios durante a prática. O supervisor de serviço foi chamado e os ausentes foram punidos conforme estipulado nas regras e regulamentos que regem a instituição. A cada semana prática foi atribuído um supervisor cuja função era dar orientação aos estudantes para observarem e realizarem acções através da supervisão de apoio. A orientação era muito clara e inequívoca. A orientação era realista e a um nível adequado à base de conhecimentos/qualificações dos estudantes. Os estudantes, enquanto faziam a prática, levavam os seus livros de registo e formulário de competências de gazeta que eram utilizados como um memoire de apoio.

Avaliar:

A partir da nossa experiência e observação, a abordagem foi útil uma vez que os alunos que não tinham há muito tempo expostos aos seus departamentos localizados podiam dar-se ao luxo de interpretar os resultados de laboratório médico gerados com melhorias notáveis na exactidão à medida que o tempo passava. Este tipo de aprendizagem foi considerado fascinante. Os estudantes disseram-me que estavam satisfeitos porque agora podiam ficar no laboratório sem interrupção a meio da execução de um procedimento clínico. O KMLTS é escola de competência comunicativa. No seu recinto existe um enorme poste de sinalização descrevendo um conceito de formação básica de estudantes de laboratório médico.

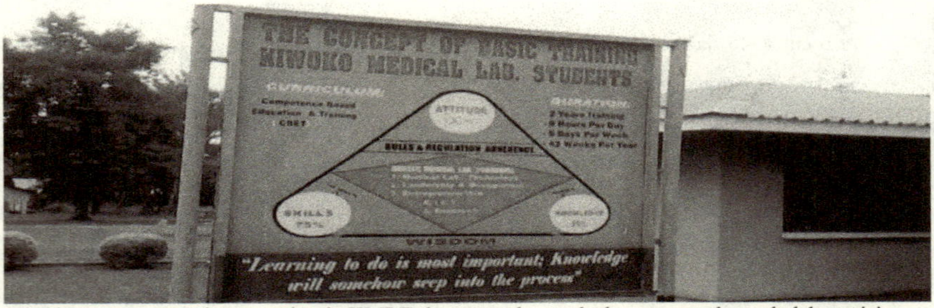

Posto de assinatura no complexo escolar do KMLT descrevendo currículo para estudante de laboratório

um dos estudantes entrevistados no posto de sinal comentou assim e passo a citar: "' ao longo deste certificado em técnicas de laboratório médico no instituto de formação de laboratório médico Kiwoko, a minha aprendizagem tem sido através do envolvimento activo nas tarefas de aprendizagem descritas no posto de sinal"'75% mão na massa e 25% teoria.

CAPÍTULO 5

DISCUSSÃO, CONCLUSÃO E RECOMENDAÇÕES

5.0 Introdução

Neste capítulo, o investigador discutiu os pontos de acção implementados, tal como apresentados no capítulo quatro deste relatório, no seguimento dos objectivos de investigação. Esta discussão dependeu da minha interpretação que se baseou na minha experiência, observação e reflexão sobre a situação à medida que se estendia no processo de investigação da acção e também dos pontos de vista dos interessados. Tem sido prudente incorporar opiniões, teorias e conceitos relacionados de vários estudiosos para apoiar a discussão. É dentro deste capítulo que chegámos à nossa conclusão com base na nossa experiência adquirida através deste processo de investigação de acção e nas recomendações que delinearão o caminho a seguir nesta investigação de acção.

5.1 Implementação de intervenções

No âmbito deste objectivo, os interessados eram democraticamente aceitáveis para participar na identificação de possíveis soluções para reforçar o envolvimento dos estudantes na aprendizagem. As soluções implementáveis que vou discutir baseiam-se nas opiniões das partes interessadas e na minha própria observação e interpretação do processo de implementação e avaliação de pontos de acção que considerámos como questões-chave, uma vez que tinham uma relação directa com o processo de formação.

5.1.1 Demonstração prática aos estudantes

O estudo actual procurou reforçar a aprendizagem baseada no trabalho dos estudantes utilizando demonstrações em sala de aula e laboratório de competências. De acordo com Killen (2007), a demonstração é um método de ensino baseado predominantemente na modelação de conhecimentos e competências. A partir da minha própria experiência, esta forma de ensino é através da qual o professor ou os alunos mostram como algo funciona ou funciona ou como algo é feito. Por exemplo, um professor poderia demonstrar como utilizar um microscópio, como operar uma centrífuga, como manchar tecidos, ou o que acontece quando a água é adicionada a um ácido. Depois disso, os alunos praticam sob supervisão. Finalmente, a prática independente é feita até ao ponto de proficiência. De acordo com Dun (2008), este método de ensino é ligeiramente mais activo do que a palestra porque os alunos são capazes de se envolver e ver em primeira mão como a construção ou fenómeno se apresenta na palavra real. Além disso, as demonstrações podem quebrar o ritmo da sala de aula, proporcionando ao mesmo tempo uma experiência agradável para os estudantes (Forsyth, 2003).

Também tem sido defendido por chikuni (2003) que existem dois tipos de demonstrações, nomeadamente o passo a passo e todo o processo de demonstração. Em todo o processo de demonstração, o professor demonstra todo o processo desde o início até ao fim sem interrupção pelos alunos (Chikuni 2003). Para Gwarinda (2013) a demonstração passo a passo é feita passo a passo com o professor a explicar cada acção à medida que a operação prossegue. A escola de laboratório médico e os seus intervenientes enfatiza passo a passo ou passo a passo a demonstração como método de ensino mais conveniente que transmite competências aos alunos. Como Mc Keachie (1986), os primeiros teóricos citados por Chingombe (2013), sugerem que as demonstrações pontuais, que são geralmente feitas depois de o professor identificar um problema ou um erro cometido pelo aluno, mas isto deve ser feito depois de o procedimento ter sido mostrado antes. Para Petty (2004), se o professor detectar um problema, o aluno será então parado e o professor voltará a demonstrar a competência que visa evitar o agravamento do problema.

Em resumo, portanto, a demonstração tem promovido as capacidades de trabalho em equipa, porque as práticas são conduzidas em grupos, onde os alunos podem aprender de forma colaborativa. Este método de trabalho dos estudantes tem apreciado o valor de trabalhar com os seus colegas e o conhecimento das competências necessárias para o fazer eficazmente. As actividades de cooperação que tinham sido utilizadas durante a demonstração para promover a "capacidade de trabalho em equipa" incluem a verificação de observações, partilha de relatórios, experiências/procedimentos, interpretação de resultados laboratoriais e compilação de relatórios de grupo.

5.1.2 Estudo prático auto-dirigido

O auto-estudo foi uma das questões predominantes durante o futuro modelo de oficina de trabalho, como indicado no capítulo um e na prática da educação médica. De acordo com Samaras (2006), o auto-estudo é uma componente de refecção em que os alunos examinam sistemática e criticamente as suas acções e o contexto dessas acções como forma de desenvolver um modo de actividade profissional mais conscientemente orientado. Para Beck, Freese e Kosnik (2004) descreve o auto-estudo como uma abordagem orientada para a investigação que é pessoal, reflexiva, colaborativa e construtivista. Isto está em consonância com Killen (2006) que observou que a aprendizagem não é apenas um processo passivo de simples recepção de informação; envolve antes uma construção progressiva deliberada e um aprofundamento do significado. Da minha experiência o auto-estudo é construtivista porque inclui elemento de investigação contínua, respeito, experiência pessoal, e enfatiza o papel da construção do conhecimento.

Na tendência educacional médica, o termo "auto-estudo" é frequentemente utilizado juntamente com uma variedade de conceitos educacionais tais como aprendizagem ao longo da vida, aprendizagem autodirigida, educação médica contínua, aprendizagem activa/independente e educação centrada no estudante, e.t.c. Durante o auto-estudo, a escola está a considerar cuidadosamente os seus programas e serviços educacionais, com particular atenção à aprendizagem e realizações do auto-estudo do estudante. O processo de auto-estudo deve ser significativo e útil em relação ao currículo de formação de competências dos técnicos de laboratório médico e os alunos têm de apresentar provas de conformidade. Isto é apoiado por Mjelde (2006) onde defende que a aprendizagem não deve ser vista como algo que acontece dentro da cabeça de um aluno quando este ouve um professor ou lê um livro, mas deve ser conhecida como sendo fundamentalmente interactiva. Mjelde observa que a aprendizagem é a internalização dos esquemas que incorporam cognição, percepção e acção e que estes esquemas se tornam significativos através da realização conjunta de actividades por um perito (professor ou formador) de tal forma que o aprendente domina gradualmente partes mais diferentes da tarefa até que possa assumir fases mais complexas sem necessidade de um perito para o assistir.

Como professores de alunos, reflectimos diariamente sobre o que correu bem, o que não correu bem e que mudanças podemos fazer para melhorar o auto-estudo prático dos alunos. Como professores, encorajamos os nossos alunos a reflectir e avaliar a sua aprendizagem independente, porque encaramos a reflexão como uma componente crítica do crescimento profissional do aluno. Isto é apoiado por Diana Laufenberg (2012) que diz que "a educação não deve ser vista como se estivesse prestes a vir para a escola para obter informação e não aprendizagem experimental, capacitando a voz dos estudantes e abraçando o fracasso, estamos a perder o ponto". Assim, através do constante encorajamento e orientação durante a auto-aprendizagem dos seus professores e pessoal sénior, permitindo-lhes aprender fazendo, observámos algumas melhorias no tratamento dos procedimentos operacionais padrão e na interpretação dos resultados laboratoriais. O estudo prático auto-dirigido melhorou as capacidades cognitivas entre os aprendentes. Isto é conseguido através da realização de experiências laboratoriais, melhorando assim as competências na resolução e análise de problemas, explicando resultados e prevendo resultados através de uma mera observação da textura do espécime. Devido ao estudo prático auto-dirigido, os aprendentes foram novamente treinados em aspectos de fabrico de produtos (sabão líquido), e uma anulação de erros sistemáticos e aleatórios em laboratório.

5.1.3 Obtenção de um novo site de prática

Um practicum é uma oportunidade baseada na prática para os alunos integrarem e aplicarem competências e formação aprendidas através do trabalho do curso e experiência prévia num ambiente profissional de trabalho de saúde pública GMC (2011). O practicum é necessário para todos os estudantes de laboratório médico e normalmente tem uma duração de 720-800 horas. O ambiente de trabalho de saúde pública inclui hospitais privados sem fins lucrativos, centros de saúde governamentais locais e centros de saúde privados. Uma vez identificado um novo local, houve necessidade de a escola solicitar ao director do laboratório hospitalar parceiro a identificação de um preceptor ou supervisor do local. O local do practicum é necessário para expor os alunos ao ambiente do laboratório hospitalar clínico ou laboratório independente. Desta forma, o aluno pode praticar as mortes aprendidas na sala de aula e ganhar experiência na utilização de equipamento, procedimentos e práticas de laboratório.

Segundo Jane (2009), um preceptor é um supervisor no local que gere a experiência prática de um estudante. A partir da minha observação e experiência, este indivíduo ajuda a orientar, supervisionar e dirigir a experiência de prática do aluno. Jane argumenta também que o preceptor não é um membro do corpo docente e não pode estar afastado do local do practicum. Ela 'Jane' continua a argumentar que alguns locais de treino podem ter requisitos específicos, tais como uma verificação dos antecedentes (por exemplo, autorização governamental ou memorando de entendimento (MOU) com parceria. Isto explica porque é que no Hospital de Kiboga 'Novo local de treino' havia a assinatura e carimbagem do MOU como requisito para a ligação dos estudantes.

É exigido um practicum por todas as escolas de ensino médico acreditadas. De acordo com o conselho profissional de educação médica aliado do Uganda, a organização que acredita escolas de saúde médica, critério de acreditação 2.4 afirma que "todos os profissionais médicos devem desenvolver Competências em conceitos básicos de saúde pública médica e demonstrar a aplicação destes conceitos através de uma experiência prática relevante para as áreas de especialização dos estudantes" (UAHPC, 2010). Isto implica que as escolas médicas devem proporcionar aos estudantes oportunidades de aplicar os conhecimentos e competências que estão a ser adquiridos através dos seus cursos de estudo.

Um conhecimento prático e competências adquiridas a partir de sítios de prática é essencial para uma prática bem sucedida. Além disso, a experiência prática adquirida a partir de anexos de prática deve ser bem planeada, supervisionada e avaliada, uma vez que há uma componente essencial de um programa de laboratório médico. Estas oportunidades podem ter lugar numa variedade de organizações ou agências, mas devem incluir especialmente hospitais de referência e centros de diagnóstico de referência na medida do possível e apropriado. Segundo Illing et al (2008), uma componente essencial da experiência prática é a supervisão por um preceptor qualificado (supervisor do local) que é um tecnólogo de laboratório médico. Por conseguinte, para uma ligação eficaz, a escola deve ter objectivos de aprendizagem, procedimentos e critérios bem definidos para a avaliação do practicum.

5.1.4 Competências de gazeta para cada semestre

Uma vez fornecidos aos estudantes de laboratório médico as competências de que necessitam para entrar com sucesso na força de trabalho, o tratamento e diagnóstico adequados são alcançados pelo médico, reduzindo assim a propagação de doenças e a resistência aos medicamentos. A chave para o sucesso dos estudantes no seu trabalho é fornecer formação prática adaptada às exigências do empregador (stern, 2006). O foco de todo o pessoal do laboratório médico é o paciente. Como prestadores de cuidados de saúde, devem esforçar-se por garantir que a segurança do nosso paciente não seja de forma alguma compreendida pelas acções dos alunos.

A escola em estudo realiza geralmente testes de competência individualizados para aptidões/competências não especificadas que são asseguradas como tendo sido cobertas quer a nível escolar quer durante a prática externa. Há necessidade de submeter os alunos a testes de aptidão para competências específicas que se pressupõe que os alunos possuam dentro de um determinado semestre. Isto é apoiado por Cochran, (2001) que argumentou que o teste de aptidão apresenta um método para assegurar aos empregadores que os alunos de laboratório médico clínico da instituição médica são competentes e seguros para realizar procedimentos e técnicas com os pacientes. Da minha experiência, os testes de aptidão para as competências de gazetted devem ter lugar antes do exame prático em cada um dos semestres, de modo a que possa ser estabelecido um nível mínimo de competência antes do início da componente de educação laboratorial médica para esse semestre. Segundo Biggs (2003), os resultados de aprendizagem desejados de um processo de aprendizagem são formulados pelo pessoal académico, de preferência envolvendo representantes dos estudantes no processo, com base em intervenientes internos e externos. Esta prática é ainda defendida por Clark (2011) que observa que as competências são obtidas ou desenvolvidas durante o processo de aprendizagem pelos estudantes/aprendizes. Da minha experiência e capacidade ou competências de observação é o que um aprendente não faz o que um professor faz.

Os proponentes da educação laboratorial médica baseada em competências favorecem o ensino organizado em torno de competências ou capacidades em vez de longas listas de objectivos de conhecimento (Carraccio et al, 2008). Pode-se argumentar que o reducionismo (análise de coisas complexas em componentes menos complexos) das abordagens baseadas em objectivos levou a uma ênfase excessiva no conhecimento em detrimento das competências, atitudes e aspectos de ordem mais elevada das práticas/competências. De acordo com Aggarwa et al., (2007), as competências exigidas pelos licenciados em laboratório médico são adquiridas a partir da avaliação das necessidades educativas, tais como a definição de perfis de práticas, análise de tarefas, definição das necessidades de saúde da população, ou identificação de actividades profissionais capazes de confiar a especialidades ou sub-especialidades. A Aggarwa continua a considerar que as capacidades identificadas devem ser organizadas como competências para uma finalidade de aprendizagem e são mais delineadas em termos dos seus blocos/semestres de construção. Por conseguinte, o instituto médico Kiwoko trabalhou para trás para identificar as competências de que os aprendentes necessitam para atingir as suas competências requeridas. Os métodos de instrução e a ferramenta de avaliação em vigor facilitaram o desenvolvimento dos aprendentes para estas competências em tecnologia de laboratório médico.

O desenvolvimento das capacidades de diagnóstico dos estudantes através da prática é característico de uma mentalidade tanto para estudantes como para tutores. Tradicionalmente, esta prática é utilizada para fornecer ambientes em que os estudantes se amontoam os procedimentos. Desde a introdução das competências semestrais, o desempenho dos alunos na prática melhorou tremendamente. Nos últimos exames concluídos dos quarenta alunos, trinta e dois tinham A+ (85-100%) (Apêndice viii). Os estudantes estão confiantes onde quer que vão trabalhar (Hospitais privados e públicos). As competências de gazeta permitiram aos estudantes desenvolver as suas competências técnicas, de observação e motoras, porque agora estão familiarizados com equipamento de laboratório, competências práticas básicas, interrupção dos resultados de laboratório e elaboração de relatórios.

5.1.5 Separar o horário para a prática das teorias

O tempo é um recurso vital para todas as acções individuais. A aprendizagem e o estudo também têm lugar dentro dos limites do tempo. De acordo com Entwistle & Smith (2002), um horário demasiado apertado não permite uma aprendizagem eficaz, mas resulta em sobrecarga de alunos e aprendizagem superficial. Do ponto de vista do ensino, a necessidade de tempo de aprendizagem do estudante tem de ser sempre estimada a partir da opinião de uma abordagem profunda da aprendizagem.

A aprendizagem tem lugar no tempo do aluno e através de actividades de aprendizagem organizadas pelo aluno. Se não houver tempo suficiente para realizar actividades de aprendizagem, é impossível de aprender. Se um estudante não dedicar tempo a estudos independentes, a aprendizagem só pode ter lugar durante as horas de ensino de contacto. O pior momento para o estudante é quando as horas de aprendizagem são interrompidas (Badaranayake, 2000). Isto é ainda apoiado pela Johnson & Johnson, conforme citado por Kyarizi (2012), em que indicaram que não basta ter estudantes para praticar uma ou duas vezes uma habilidade ou por pouco tempo. Continuaram a argumentar que os grandes professores precisam de continuar a enfatizar uma competência até que os estudantes a tenham integrado nos seus repertórios comportamentais e sejam capazes de o fazer automática e habitualmente. Segundo Leigh (2010), um aluno com um grande professor pode alcançar em meio ano o que um aluno com um professor pobre pode alcançar em um ano inteiro. É ainda relatado que as instituições com elevado desempenho em todo o mundo têm programas intensivos de aprendizagem profissional nas suas instituições.

Embora o tempo de estudo tenha sido cuidadosamente determinado na escola de laboratório médico Kiwoko, o uso real do tempo pelos estudantes deve ser monitorizado diariamente. Isto é apoiado por Lizzio (2002) que argumenta que um tutor pode monitorizar o uso do tempo por parte dos estudantes, fazendo perguntas e pedindo-lhes que mantenham o tempo de espera enquanto a aprendizagem sai pode ser avaliada através do uso de ferramentas auto-avaliadas tais como carteiras, rubricas, testes sumativos e testes autênticos ou resolução de problemas.

A separação entre o calendário prático e teórico consolidou os conhecimentos científicos e práticos. Ilustrar o conhecimento sem prática pode ser altamente complexo e abstracto. Mas desde que a prática levou 2 semanas ininterruptas, a prática tem sido simplificada porque os estudantes têm tempo suficiente para completar o procedimento de estudo. Tem havido uma melhoria na compreensão dos procedimentos laboratoriais médicos. Isto deve-se ao aumento do tempo dos tutores para ensinar práticas, boas ilustrações de materiais ensinados nas aulas pelo professor e não pelo técnico de laboratório, simulação de ambiente, ligação ao VIH, farmácia e registos (departamento restrito) e melhoria das capacidades de comunicação.

5.2 Conclusão e recomendações

Neste segmento do capítulo cinco, apresento a conclusão e recomendações baseadas na discussão apresentada acima. Neste estudo de investigação de acção, propomo-nos identificar os factores que afectam a aquisição de competências, as medidas de intervenção, e a implementação e avaliar o impacto das medidas de intervenção. Os participantes foram 9%(4) pessoal de laboratório do Hospital Kiwoko (KH) e 10,9%(5) administradores, 2,2%(1) pessoal de laboratório do Hospital Kinyandogo, 2,2%(1) pessoal do Hospital Nakaseke, e 4,3%(2) pessoal de laboratório do Centro de Saúde Kasana IV e 2,2%(1) líder comunitário **5.2.1 Conclusão** O estudo mostrou que os tutores são agora conhecedores do método de demonstração de ensino e aprendizagem. Os tutores estão agora a envolver os estudantes em apresentações/tutoriais. Mostrou que o estudo individualizado/independente foi promovido. Os tutores são melhorados na demonstração de produtos práticos de forma eficaz. Os estudantes são agora capazes de interpretar resultados de laboratórios médicos e isto acontece todas as manhãs. Tem havido uma tremenda mudança no horário de ensino para reforçar a aprendizagem no local de trabalho, por exemplo, estudo em grupo, discussão, demonstrações, estudo independente, supervisor, documentação e internamento hospitalar (Duas semanas por mês). Há um êxito académico notável em matérias práticas, em comparação com as matérias académicas. Isto reflecte-se nos últimos resultados recebidos da comissão de exames aliada do Uganda (apêndice viii). A escola adoptou uma abordagem centrada no estudante para produzir melhores resultados práticos.

5.2.2 Recomendações

A partir das discussões e conclusões acima referidas, senti por isso que devia recomendar o seguinte em subtítulo das medidas de intervenção implementadas do capítulo quatro.

Deve haver um planeamento cuidadoso para que um tutor se demonstre devidamente com qualquer estratégia de ensino. Os tutores devem ser autorizados a ensaiar a demonstração antes de a levarem a cabo na sala de aula. Se estiver envolvido equipamento quebrável ou químicos perigosos, o tutor deverá alertar os alunos para tomarem precauções antes de começarem a trabalhar.

O auto-estudo deve incluir de alguma forma uma revisão dos resultados de aprendizagem dos estudantes e uma avaliação do resultado. Para ter um auto-estudo eficaz não deve haver falta de materiais de estudo a nível da instituição.

O novo practicum site deve ter supervisores/preceptores do site. O supervisor do local de trabalho fará a ligação entre a escola e o local de trabalho, providenciando a supervisão ao aluno. Muitas vezes, servirão como mentores, proporcionando aos estudantes uma orientação valiosa, conhecimentos e lições que só podem ser colhidas a partir de anos de experiência profissional.

A importância do impacto das competências genéricas nos aprendentes é agora amplamente compreendida, mas a compreensão do conceito por si só é insuficiente. A verdadeira recomendação reside nas implicações que uma abordagem baseada na competência tem para o ensino e a aprendizagem na instituição. Por outras palavras, a instituição deve adoptar modos de ensino apropriados que possam fomentar competências em termos de conhecimento, compreensão e aptidões; e como avaliar estas competências. O seguinte conjunto de técnicas de ensino pode ser utilizado: Seminário (ensino em pequenos grupos), Tutoriais, Aulas ou cursos de exercício físico, Oficinas (aulas práticas em sala de aula), Sessões de resolução de problemas, Aulas de demonstração, Colocação (estágio/estágio), Prática laboral e visitas de estudo/Trabalhos de campo.

REFERÊNCIA

Anderson V, Rich A, Seymour G (2011). *Formação dentária de graduação na Nova Zelândia: 2007-2009final year student feedback on clinical learning environments*. Revista Dental da Nova Zelândia 107(3): 85-90

Anthony M, Yastik J (2011). *Experiências dos estudantes de enfermagem com a incivilidade na educação clínica.* The Journal of Nursing Education 50(3): 140-144

Andrews G, Brodie D, Andrews J, Wong J, Thomas B (2005). *Lugar (ment) importa:as experiências clínicas dos estudantes e as suas preferências para os primeiros empregadores*. Enfermagem Internacional Revisão 52(2): 142-153

Andrews G, Brodie D, Andrews J, Hillan E, Gail Thomas B, Wong J, Rixon L (2006). *Papéis profissionais e comunicações em colocações clínicas*: Um estudo qualitativo das percepções dos estudantes de enfermagem e alguns modelos de prática. Jornal Internacional de Estudos de Enfermagem 43(7): 861-874

Alspach, J.G.(2003). *Reconhecendo e recompensando os preceptores de enfermagem nos cuidados críticos:* Algumas respostas. Critical care nurse, 23(2): 13-20

Apel, H (2004) *Um documento apresentado sobre a Reunião Internacional de Peritos em Teoria e Prática de Educação para a Paz,* Instituto Alemão de Educação de Adultos Friedrich-Ebert-Allee 38 53113 Bonn

Atchoarena e Delluc (2002). *Revisiting technical and Vocational Education in Sub - Sahara: uma actualização sobre tendências, inovações e desafios*. Publicado pelo Instituto Internacional de Planeamento da Educação/UNESCO Rue Eugene-Delacroix, 75116 Paris

Ary, D., Jacobs, L. C., & Sorensen, c. (2010). *introdução à investigação na educação.* belmont,calif; wadsworth cengage learning.

Argyris, C., R. Putnam e D.Smith.(1985). Ciência da acção. São Francisco: Jossey - baixo.

Atack, L., Comacu, M., Kenny, R., Labelle, N. e D. Miller. (2000). *Relações de pessoal e estudantes num modelo de prática clínica: impacto na aprendizagem.* Journal of Nursing Eduaction.39(9):387- 396.

Ambrose, S. A., Bridges, M. W., DiPietro, M., Lovett, M. C., & Norman, M. K. (2010). *Como funciona a aprendizagem: 7 princípios baseados na investigação para um ensino inteligente.* São Francisco, CA: Jossey- Bass.

Aggarwal R, Darzi A. 2006. Formação de aptidões técnicas no século XXI Engl J Med 355(25):2695-2696

Badaranayake,R. 2000. O conceito e a praticabilidade de um currículo central na educação médica básica. Professor de medicina 22:6,560-563.

Biggs, John. B (2003) Ensinar para uma aprendizagem de qualidade na universidade: o que faz o aluno . 2ª ed. Buckingham: Sociedade para a Investigação no Ensino Superior

Barbara B. Kawulich(2005). *Observação dos participantes como método de recolha de dados;* Volume 6, No. 2.

Barnett T, Cross M, Jacob E, Shahwan-Akl L, Welch A, Caldwell A, Berry R (2008). *Capacitação para a colocação clínica dos estudantes de enfermagem.* Journal of the Royal College of Nursing Australia 15(2): 55-61

Baillie L, Curzio J (2009). *As percepções dos estudantes e dos facilitadores da simulação na prática da aprendizagem.* Educação de Enfermeiros na Prática 9(5): 297-306

Bilete, S. 2004. *Aprender através do trabalho: Práticas participativas no local de trabalho. Em H. Rainbird, A. Fuller e A. Munro (Eds.),* Workplace learning in context,Londres: Routledge, pp. 109

Bjerknes, E. (2002). Aprendizagem Experimental. Em I. Tron (Ed.), *Learning &Counselling* (2 ed., pp. 7-18). Lituânia Noruega: Universidade Vytautas Magnus, Lituânia. Akershus University College, Noruega.

Blumberg, P. (2009). *Desenvolver o aluno - abordagem pedagógica centrada; Um Guia Prático para a Faculdade.* São Francisco: Jossey-Bass.

Bruner, J. S. (1960). *O Processo de educação.* Cambridge, Mass.: Harvard University Press.

Bruner, J. S. (1966). *Toward a theory of instruction,* Cambridge, Mass.: Belkapp Press.

Brenana, A.M. e R.Huth.(2001). Os desafios e conflitos de facilitar a aprendizagem na prática: a experiência de dois educadores clínicos. A educação dos enfermeiros na prática, imprensa britânica.

Boaler, J. (1998). *Abordagens Alternativas ao Ensino. Aprender e Avaliar a Matemática.* Avaliação e Planeamento de Programas, *21,* 129-141.

Bourgeois S, Drayton N, Brown A (2011). *Um modelo inovador de ensino e aprendizagem clínica de apoio para estudantes de enfermagem de graduação*: O modelo de agrupamento. Educação de Enfermeiros na Prática 11(2): 114-118

Boyer, D. 2000. *"Um futuro inseguro para a aprendizagem baseada no trabalho?"* Working Brief, Número 114, Maio-25

Bonwell, C.C., e J. A. Eison (1991) *"Active Learning: Creating Excitement in the Classroom",* ASHEERIC Higher Education Report No.1, George Washington University, Washington, DC press

Brown, J.S.,Collins,A. & Duguid,S.(1989). *A cognição situada e a cultura da aprendizagem.* Investigador Educativo, 18(1)32-42.

Carr, W. e Kemmis, S.,(1986). *Tornar-se crítico:* Conhecer através da investigação de acção. Geelong, Victoria: Imprensa da Universidade de Deakin.

Choudaha, R. (2008) *Currículo baseado na competência para um Programa de Mestrado em Ciência, Gestão e Engenharia de Serviços (SSME):* Um Estudo Delphi Online. Resumo executivo: Dissertação de doutoramento, Universidade de Denver, EUA.

Clayton, B. (2012). Keeping Current: *The Industry Knowledge and Skills of Australian TVET Teacher.*

Em Colaboração com a TVET. Anais da 2ª Conferência Interna da UPI sobre TVET

Cerezo, N. (2004). Aprendizagem baseada em problemas na escola média: Um caso de investigação Estudo das percepções das fêmeas em situação de risco. *Investigação no Ensino de Nível Médio Online,* 27(1). Recuperado em 11/12/10

Chapman, H, Edwards H, Smith S, Courtney M, Finlayson K,(2004). *O impacto do local de colocação clínica na competência e preparação dos estudantes de enfermagem para a prática.* Nurse Education Today 24(4): 248-255

Collin, K. e Valleala, U.M. 2005. *"Interacção entre empregados: Como é que a aprendizagem tem lugar nas comunidades sociais do local de trabalho e como é que tal aprendizagem pode ser supervisionada",* Journal of Education and Work, 18 (4): 411-20

Clark, D. (2011). Aprendizagem através da reflexão Recuperado a 13 de Abril de 2012, a partir de

http://www.nwlink.com/~donclark/hrd/development/reflection.html

Cochran-Smith, Marilyn (2001) 'Constructing Outcomes in Teacher Education': Policy, Practice and

Pitfalls', in: Education Policy Analysis Archives, Vol. 9, No.

Chingombe,S.I & Chitumba,W. (2013). Onde é que a educação especial precisa? Um exame sobre a eficácia do curso de educação especial numa instituição terciária em Masvingo,Zimbabué. Journal of International Academic Research for Multidisciplinary, 1(8), 489-504.

Dunn, D. S. (2008). Outro ponto de vista: Em defesa do vigor sobre o rigor nas demonstrações demoníacas na sala de aula.

Ensino de Psicologia, 35,349-352

Debinger (2011). *Estruturas e funções do ensino e formação baseados na competência (CBET)* Uma perspectiva comparativa. Universidade de Konstanz .ISBN 3-937235-49-3

Davydd J Greenwood & Morten Levin 2001; *An introduction to action research-Social research for social change SAGE Publications Ltd,* 6 Bonhill Street, London EC2A 4PU, Reino Unido.

David W,John, & Roger T. John, & Karl A smith, (1991). *Cooperativa de aprendizagem activa na sala de aula do Colégio,* Book Company.

Delahoussaye, M. (2002). The *Perfect Learner: Um Debate de Peritos em Estilos de Aprendizagem.*

Formação 39, No. 5 (Maio de 2002): 28-36.

Dubouloz C, Savard J, Burnett D, Guitard P (2010). *Uma clínica universitária de reabilitação inteprofissional em cuidados de saúde primários:* um modelo de aprendizagem colaborativa para estudantes de fisioterapeuta numa colocação clínica. Journal of Physical Therapy Education 24(1): 19-24

Ellis R, Hogard E (2003). *Dois défices e uma solução? Explicar e avaliar a facilitação clínica utilizando métodos consultivos e perspectivas múltiplas das partes interessadas.* Aprendizagem em Saúde e Cuidados Sociais 2(1): 18-27

Elliott N, Condell S, Nolan L (2001). *Percepções do ambiente de aprendizagem clínica: um inquérito a estudantes supranumerários.* All Ireland Journal of Nursing and Midwifery 1(4): 148151

Agricultor, S. e J. Farmer. (1989). *Supervisão em desordens de comunicação.* Colombo: Merrill Pulishing.

Feden, P., e R. Vogel,(2003).Methods of Teaching: *Applying Cognitive Science to Promote Student Learning,* McGraw Hill Higher Education.

Felder, R., Brent, R., e Stice, J.,(2002) *"National Effective Teaching Institute: Workshop Materials",* 2002 American Society for Engineering Education Annual Conference, Montreal, Quebec, Canadá,

Feden, P., e R. Vogel, (2003) *Methods of Teaching: Applying Cognitive Science to Promote Student Learning*, McGraw Hill Higher Education

Francisco, j. M. & Maher, c.A. (2005). Condições para promover o raciocínio no problema Resolvendo: Percepção a partir de um estudo longitudinal. *Journal of Mathematical Behavior,* 24,361372.

Fontana, A., & Frey, J.H. (2005). *A entrevista: Da posição neutra ao envolvimento político.* The Sage Handbook of Qualitative Research.3rd ed. Thousand Oaks, CA: Sage, 695-728

Forsyth, D. R. (2003). The professor's guide to teaching: Psychological principles and practices. Washington, DC: Associação Psicológica Americana.

GMC. 2010. Portas para as profissões - Aconselhar as escolas médicas: incentivar os deficientes estudantes (segunda edição). GMC

Gallacher, J. e Reeve, F. 2002. *Aprendizagem baseada no trabalho: As Implicações para o Ensino Superior Educação para o Apoio à Aprendizagem Informal no Local de Trabalho.* Milton Keynes: Universidade Aberta .

Glenn, J. M. (2000), *Teaching the Net Generation.* Fórum de Educação Empresarial 54, no. 3 de Fevereiro: 6-8, 10, 12-14.

Grealish,L. & Carrol., (1998). *Para além da preceptoria & supervisão: emerge um terceiro modelo de ensino clínico para a educação de enfermagem australiana.* Australian Journal of Advanced Nursing, 15(2): 3-11.

Grealish L, Ranse K (2009). *Um estudo exploratório da aprendizagem dos estudantes de enfermagem no local de trabalho clínico no primeiro ano*. Enfermeira Contemporânea 33(1): 80-92

Gokhale, A.A. (1995). *"A aprendizagem colaborativa melhora o pensamento crítico".* Journal of Technology Education.

Gonda, J., wotton, K., Edgecombe, K. e Mason, (1999). *Unidades dedicadas à educação:* 2 uma avaliação. Enfermeiro contemporâneo, 8(4): 172-6.

Hungler, (2009) *"Textbook of nursing research principles and methods",* Lippincott publications, Página n°. 57.

Hayes, J., e Allinson, C. W .(1997). *Estilos de* Aprendizagem *e Formação e Desenvolvimento em*

Definições de trabalho: Lições de Investigação Educativa. Psicologia Educacional 17, nos. 1-2 (Março-Junho de 1997): 185-193

Jungk, R. ZMullert, N. (1987) *Future workshops: Como criar futuros desejáveis* Londres: Institute for Social Inventions

John William Collins, 2003, *o dicionário de madeira verde da educação,* Green wood publishing. Washington, DC press.

Karuhije, H. (1986). *Educational preparation for clinical teaching,* Journal of Nursing education, 25: 137-144.

Kemmis, S. e Wilkinson, M., (1998). *Investigação participativa de acção e estudo da prática.* Londres, routledge.

Killen, R. (2007). *Teaching strategies for outcome-based education* (2 Ed.). Cidade do Cabo, África do Sul: Juta &Co.Ltd

Kemmis, S., & McTaggart, R. (2000). Participatory action research, *Handbook of qualitative Research* (2ª ed., pp. 567-605).Thousand Oaks, CA: Sage.

Kothari,C.R (1985). Metodologia de Investigação: Métodos e Técnicas; Wiley Eastern, Nova Deli

Koontz A, Mallory J, Burns J, Chapman S (2010). *Pessoal de enfermagem e estudantes: o bom, o mau, e o feio. Medsurg nursing:* revista oficial da Academia de Enfermeiros Médico-cirúrgicos 19(4): 240-246

Kumar, R. (2005). *Metodologia de investigação: um guia passo-a-passo para principiantes.* Londres: SAGE.

Kvale, S., & Brinkmann, S. (2009). *Entrevistas: aprender o ofício da pesquisa qualitativa entrevistando.* Los Angeles, Califórnia: Sage

Kyarizi L. (2012), Kyarizi L. (2012), Improving my practice as a facilitator of learning while using learner- centrred approaches to teaching and learning, Kyambogo University, Kampala Uganda.

Marshall e Rossman (1989*). Definir observação como "a descrição sistemática de eventos, comportamentos* e artefactos no contexto social escolhido para estudo" (p.79)

MacGregor, J., Cooper, J., Smith, K., e Robinson, P. (Eds.) *"Strategies for Energizing Grandes Classes: From Small Groups to Learning Communities",* New Directions for Teaching and Learning, Vol. 81, Jossey-Bass, 2000.

Lambert, V. e Glacken, M., (2005). *Facilitadores da educação clínica: uma revisão bibliográfica.* Journal of clinical nursing 14:664-673

Lave e Wenger. (1991). *Aprendizagem situada. Participação periférica legítima,* Cambridge University Press, 32 Avenue of the Americas, Nova Iorque.

Lee, Hyunkyung (2014). *"Collaborative Learning in the Workplace" (Aprendizagem em colaboração no local de trabalho):* Questões e Preocupações de Prática". Revista Internacional de Aprendizagem Empresarial Avançada

Lewis, K. (1986). *O que é preciso para ser um receptor.* Enfermeira canadiana, 82(11): 18-19.

Lutalo-Bossa, A. (2007). *Vocatioalising a secondary education (learning at school and learning at work) as a road forward to African development*: Desafios no Uganda. Discurso de abertura, Conferência Europeia de Formação Profissional Inicial e Contínua (European VET conference .Konstanz, Germany: unpublished.

Illing, J. et al. 2008. Como estão preparados os licenciados em medicina para começar a praticar?

Uma comparação de três escolas médicas britânicas diversas.GMC

Lindgren. A, & Heikkinen.A. (2004). *Competências sociais em Vocacional e Contínuo*

educação. Berna: Peter Lang.

Leigh (2010). Grandes e pobres professores são definidos como os que se encontram,

respectivamente, nos 10% superiores e inferiores da distribuição de professores efectivos

Lizzio, A.; Wilson, K. & Simons, R. 2002. Percepções dos Estudantes Universitários sobre a Aprendizagem

Ambiente e Resultados Académicos: implicações para a teoria e a prática. Estudos no Ensino Superior. 27:1, 27-52.

Merritt, J. (2001). *Os programas de MBA estão de volta à escola: Uma nova cultura de decanos enfrenta a pressão para melhorar a forma como as b-escolas preparam os graduados para um local de trabalho complexo.* Semana de Negócios.

Mjelde, L. (1995). *Educação e cultura vocacional - Perspectivas europeias a partir da teoria e da prática.* Erottajakatu, Hemeenlinna: tampereen: Yhopiston.

McKenna, L. & Wellard, S., (2004). *Influências de discussão sobre o ensino clínico em programas de enfermagem de graduação Autralian.* Educação dos enfermeiros hoje, 24:229-235

Mikkelsen, B. (2005). *Métodos para o trabalho de desenvolvimento e investigação*: um novo guia para

Praticantes (2 Ed.). Nova Deli: Sábio.

Minichiello, V., Aroni, R., Timewell, E., & Alexander, L. (1990*). Entrevista em profundidade: Pesquisa de pessoas.Hong Kong: Longman Cheshire Pty Limited.*

Miettinen, R. (2000) the concept of experiential learning and John Dewey's theory of reflective thought and action, *International Journal of Lifelong Education,* 19(1), pp. 5472.

Mogan, J, e Knox, J., (2005). *Características dos melhores e piores professores clínicos como Perceberam os facilitadores universitários e os estudantes.* Journal of advanced Nursing, 12(3):331 -337

Morgan, R. (2005). *Preceptorização em Enfermagem:* Uma perspectiva irlandesa. Excelência clínica para Enfermeiros, 9(4): 181-185

Mjelde, L. (1993). *APRENDIZAGEM: Da Prática à Teoria e de Volta às Costas*. Joensuun:

Universidade de Joensuun. Mjelde, L. (2006). *As propriedades marciais da aprendizagem em oficina*. Berna: Peter Lang.

Nash, R., B. Fentiman, J. Mannion, K. Theobald, P. Lemcke e A. walsh, (1999). *Avaliar a qualidade e eficácia dos modelos seleccionados de educação clínica pré-inscrição.* Relatório final ao Departamento de Emprego, Educação, Formação e Afiliados Jovens. Brisbane: Queensland University of technology.

Newble, D., Gordon J, Hazlett C, Ten Cate O, Mann K, Kilminster S, Prince K, O'Driscoll E, Snell L,(2000). *Strategic planning in medical education: enhancing the learning environment for students in clinical settings.* Educação Médica 34(10): 841-850

Ormrod, Jeanne (2012). *Aprendizagem humana (6ª ed.).* Boston: Pearson

Okello, B. (2015) *Contradições no ensino técnico em instituições superiores de aprendizagem no Uganda. Uma* apresentação aos estudantes da NOMA

Okello,B. (2009) *complexidades e Contradições no Ensino Profissional no Uganda. Kampala:* Editores de fontes

Pellat, G.C., (2006). *O papel dos mentores no apoio aos estudantes de enfermagem pré-inscrição.* British Journal of nursing, 15(6) 336-340

Peterson, C. A. (2011). "Home Portraiture". História da Fotografia **35** (4): 374.
Peters, Jose A. Amador, Libby Miles, C.B. (2006). *A prática da aprendizagem baseada em problemas: a*

guia para a implementação doPBL na sala de aula do colégio. Bolton, Mass.: Anker Pub. Co

Pinnock R, Hawken SJ, Henning MA, Shulruf B, Bagg W (2011). *Professores clínicos que trabalham nos cuidados primários:* O que gostariam eles de mudar na escola de medicina? Journal of Primary Health Care 3(4) 298-306
Punch, K.F. (1998). *Introdução à Investigação Social: Abordagens Quantitativas e Qualitativas.* Mil carvalhos: Sábio.

Raelin. J. A. 2008. Aprendizagem baseada no trabalho. São Francisco: Jossey-Bass Norman, G., e H. Schmidt, "Effectiveness of Problem-Based Learning Curricula" (Eficácia dos Currículos de Aprendizagem Baseados em Problemas): Theory, Practice and Paper Darts", *Medical Education,* Vol. 34, 2000, pp. 721-728.
Reason, P. e Bradbury, H., (2001). *Handbook of research,* Londres: Sage.

Reid-Searl K, Dwyer T (2005). *Colocações clínicas para estudantes de enfermagem de graduação: um guia para educadores.* Revista Australiana de Enfermagem 12(9): 21-23
Ricks, T. E. (2010). A matemática é motivação. *The Mathematics Educator,* 19(2), 29.

Rodger S, Webb G, Devitt L, Gilbert J, Wrightson P, McMeeken J (2008). *Educação clínica e estágios nas profissões de saúde aliadas:* uma perspectiva internacional. Journal of Allied Health 37(1): 53-62

Sheehan D, Wilkinson T, Billett S (2005). Participação e aprendizagem dos estagiários em ambientes clínicos num hospital da Nova Zelândia. *Medicina Académica* 80(3): 302-308

Sheepway L, Lincoln M, Togher L (2011). Um estudo internacional das práticas de educação clínica em patologia da fala e da linguagem. *International Journal of Speech-Language Pathology* 13(2): 174-185

Stitt-Gohdes, W. L.(2001) *"Business Education Students' Preferred Learning Styles and Os Estilos de Instrução Preferidos dos seus Professores:* Será que combinam?" Delta Pi Epsilon Journal 43, no. 3: 137-151.

Stitt-Gohdes, W. L. (2003). *"Student Teachers and Their Students": Do Their Instructional and Learning Preferences Match?"* Fórum de Educação Empresarial 57, não. 4 (Abril de 2003): 2227.

Stitt-Gohdes, W. L.; Crews, T. B.; e McCannon, M. *(1999) "Business Teachers' Learning and Instructional Styles".* Delta Pi Epsilon Journal 41, no. 2: 71-88

Smedts A, Lowe M (2008). *Eficiência da formação clínica na Escola Clínica do Território Norte:* duração da colocação e taxa de retorno para o estágio. *Medical Journal of Australia* 189(3): 166-168

Stern, D.T. (2006) Measuring medical professionalism. Nova Iorque; imprensa universitária oxford.

Terenzini, P., Cabrera, A., Colbeck, C., Parente, J., e Bjorklund S.,(2001) "*Collaborative Learning vs. Lecture/Discussion: Students'* ReportedLearning Gains", Journal of Engineering Education, Vol. 90, No. 1.

Tikkamaki, K. 2006. *Tyon Ja Organisaation Muutoksissa Oppiminen.*Tampere: Tampere University Press.

Departamento de Serviços Humanos do Governo de Victorian (2007). *Colocações clínicas em Victoria: Estabelecimento de uma abordagem a nível estatal.* Melbourne: Departamento de Serviços Humanos do Governo de Victoria

Wang, C. X., Anstadt, S., Goldman, J., & Lefaiver, M. L. (2014). Facilitar as Discussões de Grupo no Second Life. *Journal of Online Learning and Teaching, 10*(1), 139-152.

Walsh, A. 2008. "*A integração da aprendizagem baseada na experiência em prémios académicos": Um estudo de caso".* Documento apresentado na Conferência Anual da University Association of Life Long Learning Work-based Learning Network, Contested Values in Work-based Learning, Universidade de Cardiff, País de Gales, 3-4 de Julho.

Watt E, Murphy M, Pascoe E, Scanlon A, Gan S (2011). *Uma avaliação de um programa de aprendizagem estruturado como componente da prática clínica no último ano do programa de bacharelato em enfermagem:* uma análise pré-pós-teste. Journal of Clinical Nursing 20(15-16): 2286-2293

Wass, R., & Golding, C. (2014). Afiar uma ferramenta para o ensino: a zona de desenvolvimento proximal. Ensino no Ensino Superior, 19(6), 671-68

Wenger, Etienne (c 2007) "Comunidades de prática. Uma breve introdução". Comunidades de *Prática* [http://www.ewenger.com/theory/Accessed 14 de Janeiro de 2009

Wenger, Etienne e Richard McDermott, e William Snyder (2002) *Cultivating Communities of practice: a guide to managing knowledge.* Cambridge, Mass.: Harvard Business School Press.

Williams, A., Wellard, S.J. e E. Bethune. (2001). *Avaliar a aprendizagem clínica de licenciatura australiana.* Collegian, 8(4): 9-13.

Williamson G, Callaghan L, Whittlesea E, Heath V (2011). Melhorar o apoio aos estudantes utilizando equipas de desenvolvimento de colocação: percepções do pessoal e dos estudantes. *Journal of Clinical Nursing* 20(5-6): 828-836

Wong, S. (2007). *Comportamentos do professor de enfermagem no campo clínico*: Efeito aparente na aprendizagem dos estudantes de enfermagem. Journal of advanced Nursing, 3: 369-372.

Wurdinger, D. D., & Carlson, J. A. (2010). *Ensino para a aprendizagem experimental: Cinco Abordagens que funcionam. Lanham,* MD: Rowman & Littlefield Education.

Organização Mundial de Saúde. Integrar as perspectivas de género no trabalho de QUEM: OMS gender policy? geneva, Organização Mundial de Saúde, 2002

Zeira A, Schiff M (2010). Testes de supervisão de grupo em formação de trabalho de campo para estudantes de trabalho social. Investigação sobre a Prática do Trabalho Social 20(4): 427-434

ANEXO
APPÊNDICES

Apêndice i: Mapa do Uganda mostrando o distrito de estudo da área de investigação

UGANDA

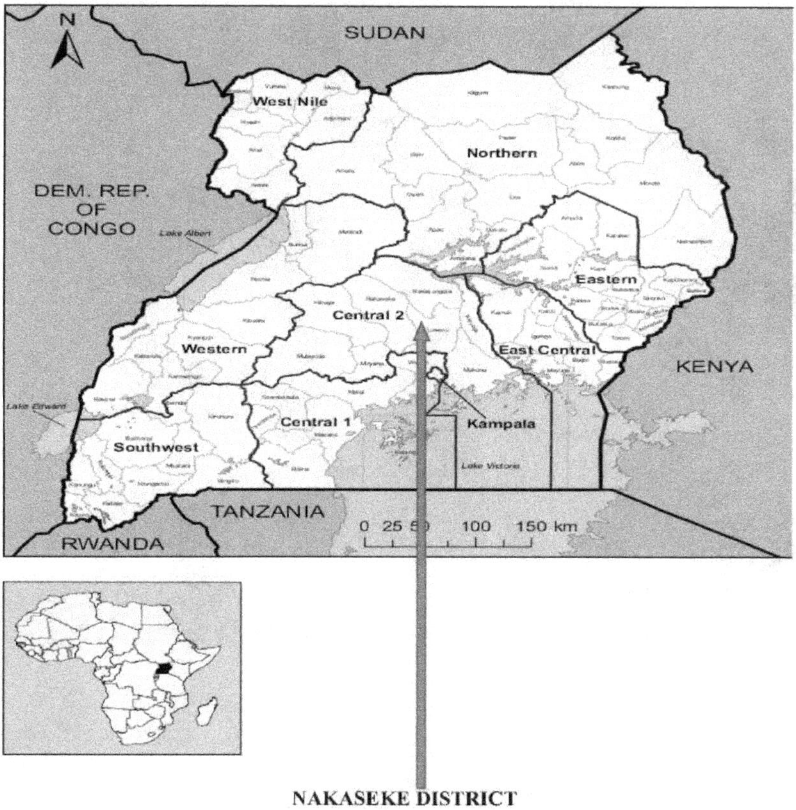

NAKASEKE DISTRICT

Apêndice ii: Tabela de horários mostrando o tempo prático

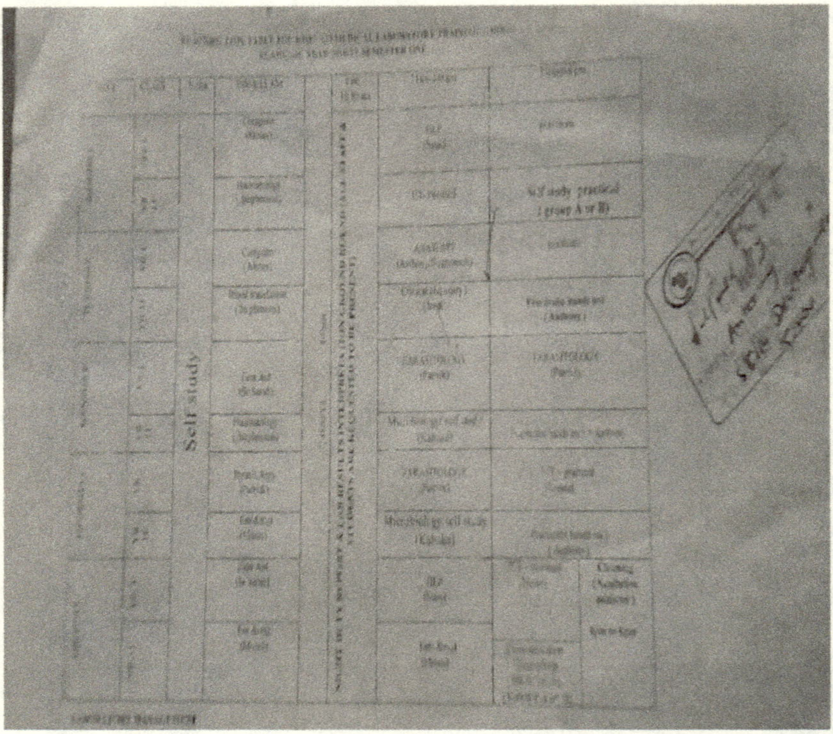

Apêndice iii: Quadro temporal para a participação activa para a aprendizagem de competências práticas

TIME TABLE FOR ACTIVE PARTICIPATION TO LEARN PRACTICAL SKILLS

SEMESTER ONE 2015/2016

YEAR		MONTH		
		October		
DATES	1-7	8-15	16-23	24-31
Year 1	Theory/Hospital attachment	Practical demonstration /Hospital attachment/ self study practicals	Theory/Hospital attachment	Practical demonstration /Hospital attachment/ self study practicals
Year 2	Practical demonstration /Hospital attachment/ self study practicals	Theory/Hospital attachment	Practical demonstration /Hospital attachment/ self study practicals	Theory/Hospital attachment
Supervisor	*Anthony/Kabaka*	*Irene /Patrick*	*Stephenson*	*Anthony/Kabaka*
		November		
Dates	**1-7**	**8-15**	**16-23**	**20-30**
Year 1	Theory/Hospital attachment	Practical demonstration /Hospital attachment/ self study practicals	Theory/Hospital attachment	Practical demonstration /Hospital attachment/ self study practicals
Year 2	Practical demonstration /Hospital attachment/ self study practicals	Theory/Hospital attachment	Practical demonstration /Hospital attachment/ self study practicals	Theory/Hospital attachment
supervisor	*Anthony /Kabaka*	*Irene /Patrick*	*Stephenson*	*Anthony/Kabaka*

Apêndice iv: Mapa da Câmara Municipal de Kiwoko mostrando o condado de Kikamulo

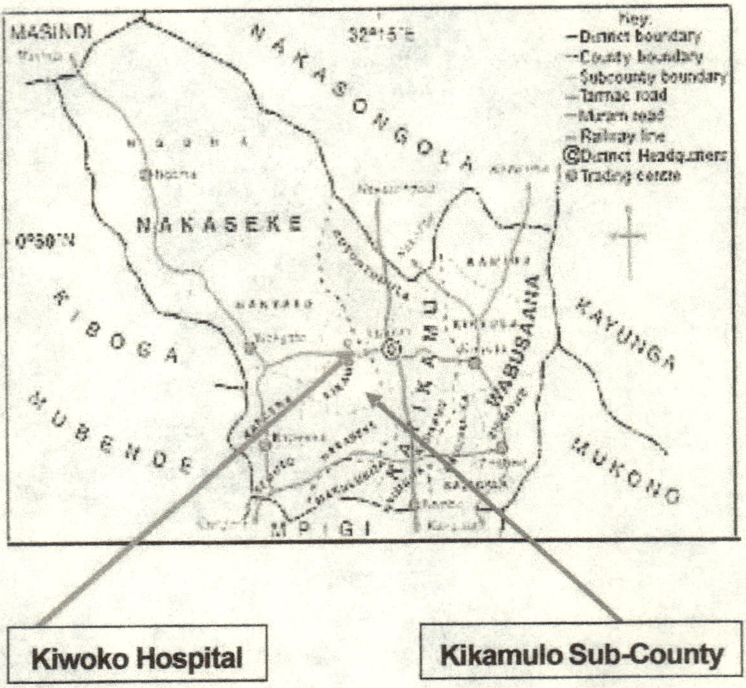

Anexo v: Relatório dos supervisores durante a anexação externa

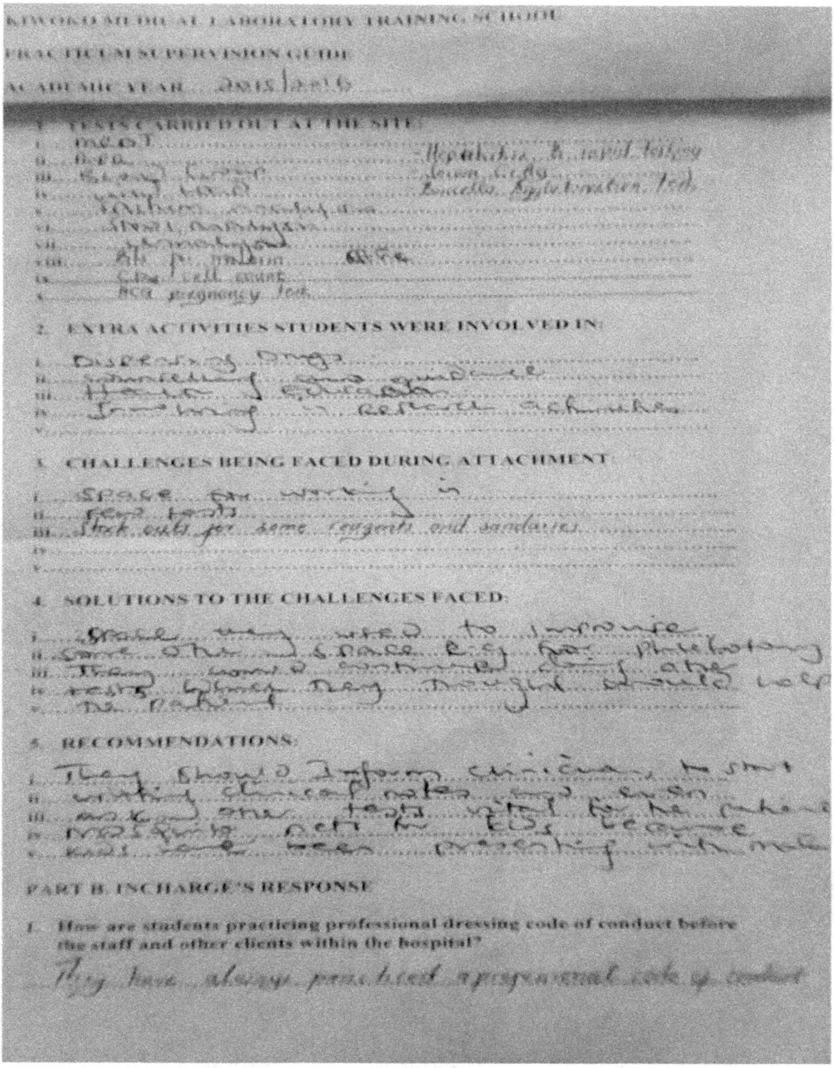

PRACTICUM SUPERVISION GUIDE

ACADEMIC YEAR ...2015/2016...

1. TESTS CARRIED OUT AT THE SITE:

2. EXTRA ACTIVITIES STUDENTS WERE INVOLVED IN:

3. CHALLENGES BEING FACED DURING ATTACHMENT:

4. SOLUTIONS TO THE CHALLENGES FACED:

5. RECOMMENDATIONS:

PART B: INCHARGE'S RESPONSE

1. How are students practicing professional dressing code of conduct before the staff and other clients within the hospital?

They have always practiced a professional code of conduct

Anexo vi: Formulário confidencial do supervisor do sítio

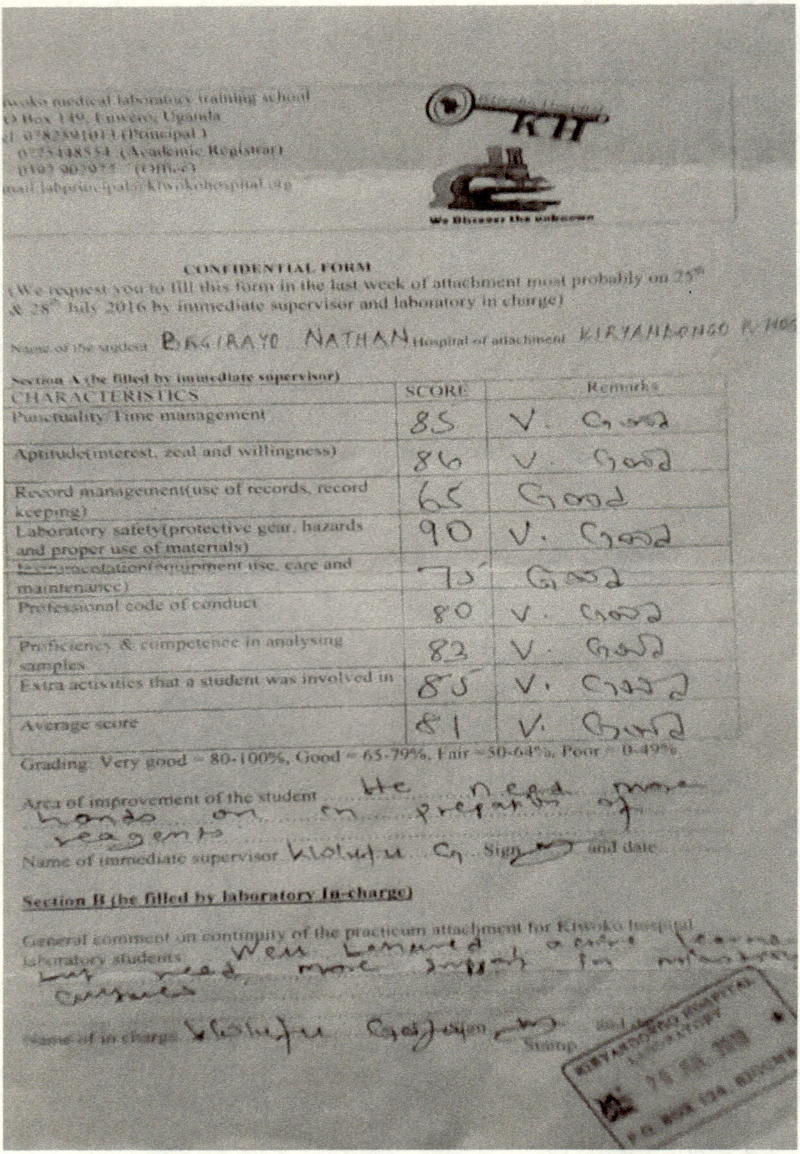

...woko medical laboratory training school
...O Box 149, Luwero, Uganda
...l 0782391013 (Principal)
0775448554 (Academic Registrar)
0392 902977 (Office)
...mail labprincipal@kiwokohospital.org

We Discover the unknown

CONFIDENTIAL FORM

(We request you to fill this form in the last week of attachment most probably on 25th & 28th July 2016 by immediate supervisor and laboratory in charge)

Name of the student BAGIRAYO NATHAN Hospital of attachment KIRYANDONGO R. HOS...

Section A (be filled by immediate supervisor)

CHARACTERISTICS	SCORE	Remarks
Punctuality Time management	85	V. Good
Aptitude(interest, zeal and willingness)	86	V. Good
Record management(use of records, record keeping)	65	Good
Laboratory safety(protective gear, hazards and proper use of materials)	90	V. Good
Instrumentation(equipment use, care and maintenance)	75	Good
Professional code of conduct	80	V. Good
Proficiency & competence in analysing samples	82	V. Good
Extra activities that a student was involved in	85	V. Good
Average score	81	V. Good

Grading: Very good = 80-100%, Good = 65-79%, Fair = 50-64%, Poor = 0-49%

Area of improvement of the student He need more hands on on preparation of reagents

Name of immediate supervisor Kiolutu G. Sign and date

Section B (be filled by laboratory In-charge)

General comment on continuity of the practicum attachment for Kiwoko hospital laboratory students: Well behaved, a good learner but need more input in laboratory ...

Name of in charge Kiolutu Godfrey Stamp

KIRYANDONGO HOSPITAL LABORATORY
P.O. BOX 124, ...

Apêndice vii: Competências práticas gaseificadas

class	Competences
Year one semester one	• Use of protective gears • Cleaning of glass and plastic ware • Decontamination of working area • Preparation hypocrite and Jik • Carry out inventory in school laboratory • Store laboratory reagents and equipment properly within school laboratory • Segregation of medical wastes • Incineration of wastes • Manage spillage within laboratory • Operate microscope, centrifuge, colorimeter, autoclave, hot air oven, water bath, water distiller, incubator, refrigerator, water filters, glucometer, rotator, mixer, and weighing balance • Receive and record specimen in reception book • Preserve abnormal cells on slides. • Preserve parasites on slides and formalin • Prepare 10% formalin, 70% alcohol • Preparation potassium hydroxide • Carry out phlebotomy (Venous and capillary) • Prepare Gentian violet, crystal violet, methyl violet, Lugol's iodine, 50% acetone alcohol, neutral red and dilute carbolfuchsin, strong carbolfuchsin, 3%,acid alcohol, 20% sulphuric acid, 0.5% methylene blue & malachite green and 20% SSA • Prepare 0.9%Normal saline, prepare field stains A & B, Leishman, Giestain, • Prepare slides thin and thick smears • Computer; Microsoft, Microsoft excel, Microsoft power point, internet
Semester two	• Carry out direct wet, saline, eosin, iodine, formal –either concentration, modified Ziehl Neelen and saline stool preparations, Znso4 concentration technique and water emergency concentration technique. • Examine urine, swabs, sputum, CSF and aspirates for parasites. • Stain thin & thick smears, • Carry quality control • Perform microhaematocrit centrifuge • Perform wet preparation and concentration on sputum for parasites. • Examine urine macroscopic and microscopic. • Examine urine deposit for bacteria, yeast, pus cells, and epithelial cell • Prepare smears on sputum and stain using Hot and cold ZN. • Make wet preration, ZN , agram staining on swab. • Screen blood for HIV, syphills, HCG, brucella, Rheumatoid factor test, serum crag, and helicobacter pylori test and widal test • Preparation anticoagulant, perform haemoglobin estimation tests using cyanmethaemoglobin, acid haematin method, oxyhaemoglobin method. • Prepare drabkin solution, 0.1N, HCL 0.04%, 1% ammonium oxalate, turk's solution, formal citrate, new methylene blue, brilliant cresyl blue, buffer water • Carry out platelet, total & differential white blood cell, recticulocytes and PCV. • Carry out ABO and Rhesus grouping and x-matching. • Urinalysis • Plus all what has been covered in the above semester

Year two Semester one	• Blood film comment , Sickling test, Perform ESR • Bleeding time and clotting time • Urine bio chemical examination, protein, glucose, bile salt, urobilinogen, bence Jones protein, ketones, creatinine tests, pH test, specific gravity ... • Blood sugar test, Glucose tolerance test • Renal and liver functional tests • Electrolytes K, Na, • Prepare benedict solution, 30% SSA, Ehrlich's, Barium Chloride, and Fouchets. • Preparation of culture media
Semester two	• Preparation of CUSO4, 0.85% Normal saline, secretor status tests, make cell suspension of donor cells • Perform Direct coombs, indirect coombs, checked cells, • Preparation of packed cells, fresh frozen plasma, platelets and antisera. • Manage stock cards and records. • Pre and post HIV counselling. • Quality assurance and control. • Stool, urine, CSF and pus swabs culture.

Apêndice viii: Carta de pedido de ligação do estudante ao VIH, farmácia e registo

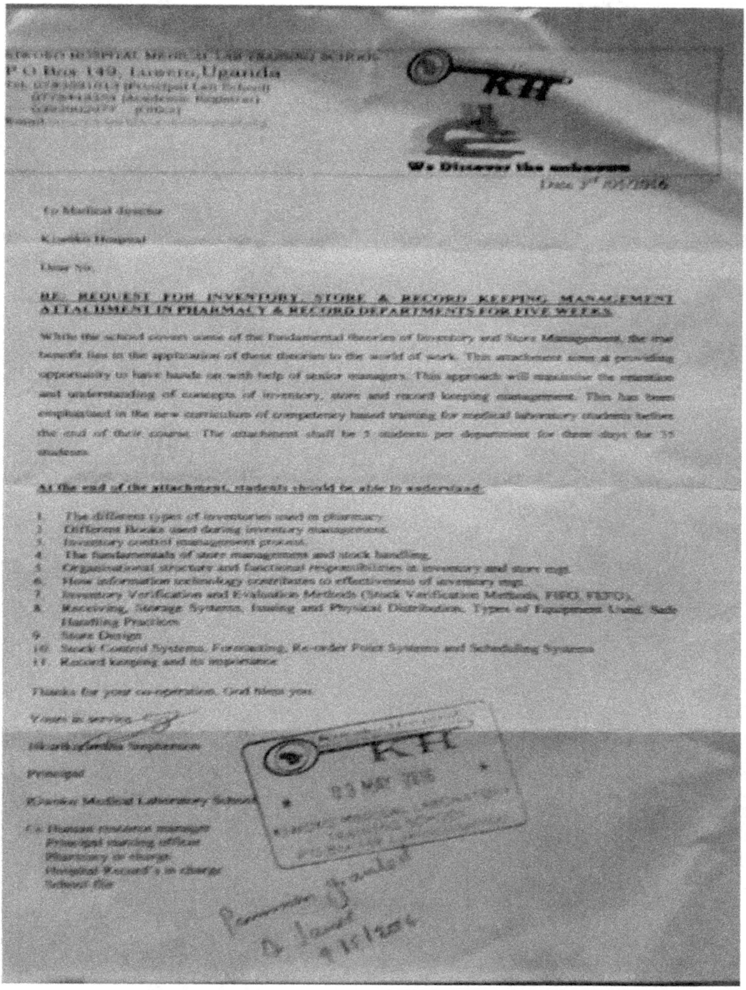

[illegible]
P O Box 149, [illegible], Uganda

We Discover the unknown

Date 3rd /05/2016

To Medical director

[illegible] Hospital

Dear Sir,

RE: REQUEST FOR INVENTORY, STORE & RECORD KEEPING MANAGEMENT ATTACHMENT IN PHARMACY & RECORD DEPARTMENTS FOR FIVE WEEKS.

While the school covers some of the fundamental theories of Inventory and Store Management, the true benefit lies in the application of these theories to the world of work. This attachment aims at providing opportunity to have hands on with help of senior managers. This approach will maximise the retention and understanding of concepts of inventory, store and record keeping management. This has been emphasized in the new curriculum of competency based training for medical laboratory students before the end of their course. The attachment shall be 5 students per department for three days for 35 students.

At the end of the attachment, students should be able to understand:

1. The different types of inventories used in pharmacy.
2. Different Books used during inventory management.
3. Inventory control management process.
4. The fundamentals of store management and stock handling.
5. Organizational structure and functional responsibilities in inventory and store mgt.
6. How information technology contributes to effectiveness of inventory mgt.
7. Inventory Verification and Evaluation Methods (Stock Verification Methods, FIFO, FEFO).
8. Receiving, Storage Systems, Issuing and Physical Distribution. Types of Equipment Used. Safe Handling Practices.
9. Store Design
10. Stock Control Systems, Forecasting, Re-order Point Systems and Scheduling Systems
11. Record keeping and its importance

Thanks for your co-operation. God bless you.

Yours in service,

[illegible]

Principal

[illegible] Medical Laboratory School

Cc Human resource manager
Principal nursing officer
Pharmacy in charge
Hospital Record's in charge
School file

CPSIA information can be obtained
at www.ICGtesting.com
Printed in the USA
LVHW042107030423
743357LV00005B/328

9 786205 790526